TEXT+KRITIK

Heft 227
LUKAS BÄRFUSS
Juli 2020

Gastherausgeber: Tom Kindt und Victor Lindblom

INHALT

Lukas Bärfuss
Das Ulmensterben — 3

Raphael Urweider
Luki — 8

Judith Gerstenberg
Trotzdem. Laudatio zur Verleihung des Georg-Büchner-Preises — 12

Gregor Dotzauer
Aufatmen im Gegenwind. Das Phänomen Lukas Bärfuss — 19

Tom Kindt
»Ins Gelächter führen«. Komik bei Lukas Bärfuss — 23

Oliver Lubrich
Kolonialismus als Metapher — 30

Victor Lindblom
Ist es wirklich so schlimm? Zur Fiktionalität und Erzählkonzeption von Lukas Bärfuss' »Koala« — 39

Marta Famula
»Diese Konkretion empfinde ich als das wirklich Grausame« Das Skandalon des Sterbens in Lukas Bärfuss' Drama »Alices Reise in die Schweiz« — 46

Ralph Müller
Essayistische Tugenden bei Lukas Bärfuss — 55

Anke Detken

Ästhetik der Verantwortlichkeit. Laudatio auf Lukas Bärfuss
anlässlich der Lichtenberg-Poetikdozentur Göttingen   63

Peter von Matt

Ästhetik der Konfrontation. Über die künstlerische Strategie
von Lukas Bärfuss   70

Thorsten Ahrend

Lieber Lukas ...   79

Dana Kissling / Victor Lindblom

Auswahlbibliografie   86

Notizen   91

Lukas Bärfuss

Das Ulmensterben

Bevor ich mich einer bestimmten Art der *Ascomycota* widme, will ich die Aufmerksamkeit kurz einer Sache zuwenden, die mich seit einigen Jahren immer wieder beschäftigt. Sie betrifft eine gewisse literarische Form, die weit verbreitet ist und der ich neulich in der Form einer Kurzgeschichte begegnet bin.

Als mein Blick mir am Ende eines langen und arbeitsreichen Tages nach leichter Zerstreuung war, fiel ich im Bücherregal zufällig auf einen Band, den ich vor zwölf oder mehr Jahren aus der Wühlkiste meiner Buchhandlung gefischt, bisher aber nicht gelesen hatte. Auf drei Dutzend Seiten lernte ich jetzt eine junge Frau kennen, die mit ihrer asthmatischen Schwester in einer namenlosen Provinz lebt. Die Eltern längst tot, die Aussichten auf eine Heirat gering mit täglich abnehmender Tendenz, besteht ihre einzige Möglichkeit, ein paar Stunden der Enge ihres Daseins zu entkommen, in den Theateraufführungen, die sommers in einer nahe gelegenen Stadt gegeben werden. Alle Jahre besucht die Frau diese Vorstellungen mit glühendem Herzen und lässt die kranke und argwöhnische Schwester derweil einen Sonntagnachmittag alleine.

Nach einer Vorstellung von Shakespeares »As You Like It« und mit dem Kopf immer noch bei Rosalind und Orlando im Wald von Arden, vergisst unsere Heldin in der Toilette des Theaters ihre Handtasche. Geld, Fahrkarte, Schlüssel: unauffindbar. Tränen, Angst, Verzweiflung: die Heldin nun an jenem Punkt, den man in Hollywood Plot Point nennt.

Auftritt Hund, Rasse Dobermann, er hat sich losgerissen, daher gefolgt von einem Mann. Kurzer Dialog auf den Treppen des Theaters, danach Spaziergang in seinen Laden, in dem er werktags Uhren repariert. Er serviert der jungen Frau nun ein karges, aber schmackhaftes Mahl aus Gulasch und Rotwein, das als frugal zu bezeichnen, die Autorin vermeidet. Geplauder über dieses und jenes. Während der Dobermann artig in einer Ecke wartet, stellt sich bald eine Vertrautheit ein. Später am Abend begleitet der Mann sie zum Bahnhof, wo er ihr die Karte für die Rückfahrt kauft. Beim Abschied auf dem Schotter am Ende des Bahnsteigs schenkt er ihr den ersten Kuss ihres Lebens und nimmt ihr das Versprechen ab, nach Ablauf eines Jahres dasselbe grüne Kleid anzuziehen, denselben Zug zu besteigen und seinen Laden mit den Uhren aufzusuchen. Was dort geschehen soll, wird nicht gesagt, aber die Aufregung, die das arme Wesen nun die nächsten zwölf Monate auf Trab hält, lässt vermuten, dass die Verheißung nicht in einem weiteren Teller des ungarischen Rindereintopfs besteht.

Die Erzählung ist äußerst geschickt und sorgfältig gebaut, man liest sie mit angehaltenem Atem und will natürlich wissen, ob die Heldin ihren Uhrmacher tatsächlich wiederfindet, wie sie es ihrer hilflosen und asthmatischen Schwester beibringen und welcher Art das Unglück sein wird, das unweigerlich zuschlagen muss. Glücklich enden diese Geschichten nie. Die Erzählung, übrigens, ist äußerst geschickt und sorgfältig gebaut, und so sehr ich die Autorin für ihre Handwerkskunst bewundere, scheint mir diese Erzählung ein prototypisches Beispiel für einige der grundlegenden und potenziell tödlichen Gefahren der zeitgenössischen Literatur zu sein, die, wenn sie sich nicht von diesem stilistischen Efeu befreit, daran ersticken wird.

Damit man mich richtig versteht: Es liegt nicht an dieser spezifischen Geschichte. Sie steht nur als Exempel. Man findet dieselbe Manier bei allen Erzählungen dieser Autorin, die übrigens mit einigen hohen, ja den allerhöchsten Ehrungen ausgezeichnet wurde. Das Problem beschränkt sich gleichfalls nicht auf die Autorin. Wäre dies der Fall, würde ich keine Zeit damit verlieren, denn es müsste genügend Auswahl geben, um auch für meinen Geschmack das Passende zu finden. Nein, dieses Genre und seine Konventionen haben mittlerweile eine horizontale, vertikale und damit hegemoniale Verbreitung gefunden. Nur deshalb nehme ich mir Zeit und Mühe, um in aller Kürze und bevor ich auf das eigentliche Thema komme, das Problem in seinen Grundzügen darzulegen.

Zuerst: Diese Literatur überlässt der Psychologie das alleinige Primat. Die sozialen, ökonomischen, politischen Bedingungen der handelnden Figuren werden höchstens nebenbei erwähnt und im Ungefähren belassen. Die erzählerische Anstrengung gilt alleine dem Versuch, die Grenze des Mentalen zu überschreiten und das Problem der Qualia für einen kurzen Augenblick aufzuheben. Bekanntlich weiß niemand, wie es ist, ein anderes als das eigene Bewusstsein zu besitzen, und jeder Versuch, diese erkenntnistheoretische Grenze zu überwinden, gehört in den Bereich des Fantastischen, eine Eigenschaft, die deshalb wesensmäßig zu dieser Art von Literatur gehört.

So führt sie in aller Regel eine beliebige Person ein und beginnt, diese so lange vor unseren Augen ihrer gesellschaftlichen Hüllen zu entkleiden, bis sie nackt vor uns steht. Und wie weiland die Leichen im anatomischen Theater, so liegen alsbald diese Heldinnen vor uns, und wie der Präparator dort die Muskeln, Gewebe und Nerven, geht die Erzählerin nun daran, die Wünsche, Begierden, Gedanken und Affekte dieser Heldin freizulegen. Die Erzählerin besitzt zu diesem Zwecke nicht nur ein literarisches Seziermesser, mit dem sie jede Schutzschicht wie etwa Selbsttäuschung, Lebenslügen und falsches Gerede beiseiteschafft – sie verfügt darüber hinaus über einen fantastischen Röntgenapparat, der das unsichtbare Geschehen aufzeichnet und ins Bild rückt. So wandelt diese arme Heldin nach wenigen Seiten seziert und bis auf die Knochen entkleidet durch ihre provinzielle Existenz. Den Augen der fiktiven Figuren bleiben diese Vivisektionen allerdings verborgen. So heißt es etwa in jener Erzählung über unsere Heldin: »*Die Mühe, die sie darauf verwendet hat, es geheim zu halten, war vielleicht gar nicht erforderlich, angesichts der Meinung, die die Leute sich von ihr gebildet haben – die Leute, die sie jetzt kennt, irren sich darin genauso gründlich wie die Leute, die sie vor langer Zeit kannte.*«

Man braucht hier nicht zu wissen, was diese Person geheimhalten will oder muss, und es ist ebenfalls einerlei, worin die Leute irren: Entscheidend ist die deutliche und unüberbrückbare Trennung zwischen dem Wissen der Leserin und jenem der Figuren. Nur wir Leser erkennen sie als zerfledderten Rest einer pathologischen Untersuchung. Alle anderen, ob Protagonist oder Antagonist, haben davon keine Ahnung und behandeln sie auch weiterhin wie eine der ihren.

Natürlich findet diese Behauptung keine Grundlage in der Wirklichkeit. So wie in Schauergeschichten Vampire empfindlich gegen Sonnenlicht sind und in der Science-Fiction Raumschiffe schneller als das Licht reisen, handelt es sich hier um eine Konvention des Genres. Während sich dort der Leser niemals fragt, ob diese Behauptung in den Bereich der Wirklichkeit oder der Hirngespinste gehört, behauptet dieses Genre einen Realismus, eine dokumentarische Haltung. Niemals bringt diese Literatur ihre eigene Fantastik zum Bewusstsein. Hier wird nichts erschaffen und nichts konstruiert, hier wird bezeugt, und deshalb unternimmt diese Belletristik alles, um den Anschein der Natürlichkeit zu bewahren und ihre Künstlichkeit zu verbergen. Sie kaschiert jede Nahtstelle und hängt die Mechanik ab. Ihre hauptsächlichen Instrumente, Retuschierpinsel und Concealer, versteckt sie schamhaft, und obwohl gerade in der Fabriziertheit ihre Kraft liegen würde, fürchtet sich diese Erzählform vor der eigenen Puppenhaftigkeit und es bleibt die Frage, was eigentlich der Grund für die Angst ist.

Weil ich die Sache nicht unnötig verlängern und endlich zu *Ceratocystis novo-ulmi* wechseln will, darf ich summarisch auf jene Erzähltheoretiker verweisen, die bereits vor langer Zeit definierten, dass nur jemand zum Helden werden kann, der mit aller Kraft ein bestimmtes Ziel verfolgt, er muss nach etwas streben, das er vorderhand nicht in die Hände bekommt. Die zur Frage stehende Literatur weiß noch davon, aber es gibt für ihre Heldinnen kein Abenteuer mehr. Die Gesellschaft, in der sie leben, hat dies nicht vorgesehen, im Gegenteil, ihre Absicht besteht gerade darin, durch den Fortschritt alle Fährnisse von ihren Bürgern fernzuhalten. Und weil es keine Gefahr gibt, fehlt ebenso die Entscheidung zwischen Erlösung und Untergang. Alles was den Heldinnen bleibt, ist ein langsames Absterben. Es gibt keinen Konflikt mehr, und weil das nicht hinzunehmen ist, weil es nämlich die Bedeutungslosigkeit der Heldin und damit gleichzeitig der Erzählung beweisen würde, wird behauptet, dass sich der Konflikt in die Innenwelt der Figuren verlagert habe und es nun unter den interessierten Blicken einer zugewandten Leserschaft die erste Aufgabe der Erzählerin sei, ihn von dort zu befreien und ans Tageslicht zu befördern. Allerdings bleibt auch dies, da es ja ein Vorgang ist, der nur für die Leser sichtbar ist, für die Dramaturgie weiterhin wirkungslos. Die Lösung für dieses narrative Dilemma liegt in einer Epiphanie, in der Erscheinung des Göttlichen, des Transzendenten. So bricht früher oder später unweigerlich die Metaphysik in eine Existenz, in der es dafür weder Form noch Sprache gibt. In der nämlichen Erzählung besteht dieser Einbruch darin, dass dieser Mann nach dem verstrichenen Jahr unsere Frau, die pünktlich in einem zwar anderen, aber immerhin grünen Kleid in seinem Laden erscheint, wortlos ins Gesicht schlägt. Zerstört kehrt die Frau zu ihrer kranken Schwester zurück, die irgendwann stirbt, aber sie bleibt trotzdem unverheiratet, hat hier und da eine Affäre, aber leidet doch ihr ganzes Leben lang an dieser Kränkung. Schließlich erfährt sie durch Zufall, dass jener Mann, der sie geschlagen hat, überhaupt nicht der übrigens längst verstorbene Uhrmacher, sondern sein taubstummer und eineiiger Zwilling war und sie also, so die Schlussfolgerung des gebildeten Lesers, ihr Leben ebenfalls im Wald von Arden verbracht hatte, ohne jemals den Weg nach draußen zu finden.

Und so ist der Fluchtpunkt aller perspektivischen Hilfslinien dieser zur reinen Manier, zum toten Stil herabgesunkenen Literatur, jenes Gefühl, das uns am Ende der Lektüre mit jenem typischen Kloß im Hals zurücklässt und das darüber hinaus die bürgerliche Gesellschaft grundiert, die unstillbare Sehnsucht nämlich.

Gemeinsam mit ihren dargestellten Figuren ersehnt diese Literatur die Erfahrung und damit das Leben, und weil es niemals geschieht, weil überhaupt nichts geschieht, spricht, wer diese Art von Literatur verteidigt, gerne über »Atmosphäre«, flüchtet sich in »die Stimmung«, in »das, was ungesagt bleibt«. Sie verzichtet auf eine historische Situation, arbeitet allerdings exzessiv mit dem Kolorit einer Epoche. So wird in dieser Erzählung ganz zu Beginn eine gewisse Jacqueline Kennedy erwähnt, besser gesagt ihre Frisur, die unsere Heldin nachahmt. Wer diese Person ist, wird nicht erklärt. Die Autorin geht stillschweigend von einem gemeinsamen kulturellen Hintergrund aus, der durch die Erwähnung eines toupierten Schopfs eine Kaskade von stereotypen Bildern auslöst: bestimmte Automobile, eine besondere Art von Musik, eine Kulisse, in der wir eine bestimmte Zeit erkennen sollen, ohne länger darüber nachzudenken. Es handelt sich hier um eine weitere Andeutung, die ihre spezifische Funktion zu spielen hat. Diese Erzählung ist zum ersten Mal im Jahre 2004 erschienen, das heißt, nach den Anschlägen vom 11. September 2001, in einer Zeit also, die von einer großen Verunsicherung geprägt war. Niemand wusste, in welche Richtung sich die gesellschaftliche Entwicklung bewegen würde. Die fünfziger und frühen sechziger Jahre des zwanzigsten Jahrhunderts, also jene Epoche, da die gesellschaftliche Revolution von 1968 die Übersichtlichkeit und die Grenzen zwischen den gesellschaftlichen Gruppen noch nicht eingerissen hatte, waren zu einer Zeit geworden, die ein Mensch jener Tage mit nostalgischen Gefühlen betrachtete. Es geht nicht um die Analyse einer Epoche, es geht um das Gefühl der Sehnsucht, und ihre belletristische Produktion folgt alleine den Gesetzen eines bestimmten Marktes.

Ein literarischer Text im Spätkapitalismus muss, ganz im Einklang mit den Forderungen an irgendeine andere Ware, viel versprechen und wenig halten. Es ist sein Fetischcharakter, der ihm seinen Wert gibt. Der Fetisch steht für das Abwesende, das nicht Verfügbare. Der literarische Text darf nicht vollständig verstanden werden. Das Erzählen flüchtet sich deswegen in die Allegorie, in das andere Bild, in die Andeutung, den Verweis, damit wir dort als Leser ein Geheimnis vermuten, das niemals zur Sprache kommen kann und das wir ersehen. An nichts leidet der bürgerliche Mensch so sehr, wie an der Entzauberung seiner Existenz. Diese erzählerische Tendenz, diese Flucht vor der Klarheit und der Verständlichkeit findet vorderhand keine Korrektur, im Gegenteil, es scheint so etwas wie eine Eskalation zu geben. Je eindeutiger die unliterarischen Genres werden, je mehr sie sich den absoluten Kategorien von Thriller und Porno angleichen, desto mehr flieht die sogenannte Belletristik ins Ungefähre. Das ist der Platz, der dieser Literatur geblieben ist, die Funktion, die sie noch zu erfüllen hat, und es scheint sehr gut möglich zu sein, dass in nicht allzu ferner Zukunft die Leserinnen und Leser die Literatur des ausgehenden zwanzigsten und beginnenden einundzwanzigsten Jahrhunderts als grotesk empfinden werden, nicht durch die Überzeichnung, sondern durch die exzessive Langeweile.

Aber genug davon, nun endlich zu *Scolytus scolytus* und seinem Reifefraß, der am Anfang dieser Tragödie steht.

Raphael Urweider

Luki

Ich kam Anfang der neunziger Jahre als zwanzigjähriger arroganter Bieler nach Bern. Arrogant, weil wir in Biel besser wussten, was Musik ist, Bern hatte den Rock, wir hatten den Freejazz und den Jazzfunk, den Rockabilly, den Punk. Bern hatte die Mundart, und Mundart war provinziell. Wir hatten Englisch und Französisch.

Bern hatte auch etwas Prosa, wir, also ich und meine viel älteren, also vier Jahre älteren Freunde, hatten die Poesie. Wir machten Lesungen mit Musik, Improvisationen zu Gottfried Benn, Günther Eich, Trakl und anderem, was im Gymnasium nicht vorkam.

Ich studierte an der Uni Freiburg, lernte dort einen ebenfalls arroganten Studenten kennen, Urs, der viel zu jung aussah, wie ein Quartaner, der sich an die Uni verirrt hatte. Er war unterhaltsam zynisch und hatte das laute frische Lachen eines Spitzbuben. Obwohl ich dachte, da er in Bern wohnte, er müsse reich sein – denn aus Bieler Sicht waren alle Berner reich –, freundeten wir uns an. Er wohnte in einem besetzten Wohnblock, Wände wurden in allen Farben gestrichen, Badewannen waren Kühlschränke, Zimmer waren Discos oder Massenlager. Bern begann mir zu gefallen.

An einer der vielen Partys kreuzte er auf, schaute etwas erwachsener aus als andere, war aber ebenso uncool und etwas zu überschwänglich wie alle anderen Berner Männer – aus Bieler Sicht. Unser erstes Gespräch war kurz, ich stand an einem improvisierten Buffet mit vor allem Alkohol drauf und suchte nach einer Flasche, in der noch drin war, was draufstand, da spricht er mich von hinten an.

»Hey, bist du Raphael? Ich bin der Luki. Habe gehört, dass du schreibst.«
»Ja.«
»Ich schreibe auch. Du Gedichte, nicht wahr? Cool! Ich eher so Kurzgeschichten.«
»Cool. Freut mich, äh, Luki.«
In der Erinnerung sehe ich so eine Art Kreuzung von jungem Johnny Cash und Nick Cave vor mir, jedenfalls was die Kleider betrifft. Ein begeistertes Lachen, vielleicht ein Schulterklopfen. Ich dachte damals, das sei Attitüde, um bekannt zu werden oder so. Ich hatte kaum jemandem erzählt, dass ich Gedichte schreibe, also folgerte ich, dass Lukas ein Freund von Urs sein musste. Wohl ein Amateur, dachte ich in meiner Arroganz.

Die nächsten Jahre kreuzten sich unsere Wege oft. Meine Arroganz wich einer Begeisterung für improvisierte Lesungen in besetzten Häusern, Berndeutschen Rap und viel WG-Leben. Immer tauchte irgendwo auch Bärfuss auf, meist kam er später als alle anderen und ging früher. Er war der Einzige, der eine Armbanduhr trug und auch immer wieder darauf schaute. Er wirkte oft, als hätte er weniger Zeit als wir. Wir waren Studenten, ließen uns mehr oder weniger von unseren Eltern aushalten, er war Buchhändler im »Lindwurm« in Fribourg und hatte diese Art Unterstützung nicht. Kein Hochschulabschluss, keine Uni.

Urs und ich waren Germanisten und quälten uns durch Wilhelm Raabe oder Stefan Zweig. Bärfuss verschlang Weltliteratur, las amerikanische und russische Wälzer, war nicht gebunden durch Seminarstoff oder Termine. Er las, um sich zu bilden und um Schreiben zu lernen.

1996 überredete er mich, mit ihm zum »Offenen Block« in Solothurn zu fahren. »Dort darf jeder lesen, der will, das ist doch super.« Ich wusste nicht recht, und doch ging ich mit. Bärfuss kann sehr überzeugend sein, er ist direkt, begeisternd und gibt einem das Gefühl, dass vieles möglich ist, und dass man ein Spielverderber ist, wenn man nicht mitmacht.

In Solothurn las er eine Geschichte über einen jungen Schnösel der – soweit ich mich erinnern kann, bei T. S. Eliot wohnte, in der Nachbarschaft von Ezra Pound. Irgendwo kam auch noch ein Rollbrett vor. – Ich las nach ihm und war zu nervös, um richtig zuzuhören, doch war der Applaus wohlwollend. Ich las einige an H. C. Artmann angelehnte Liebesgedichte an eine imaginäre »Ludmilla«. Es wurde gelacht, und tags darauf wurden wir beide namentlich in der »Berner Zeitung« erwähnt.

Ich war glücklich und dankbar, dass Luki mich überredet hatte. Danach gab es mehr Lesungen und Happenings in besetzten Häusern, er schrieb sein erstes Stück, eine Neufassung von Oedipus und ich wurde vom Regiestudenten Samuel Schwarz als Musiker verpflichtet, der das Stück in einer riesigen, geschlossenen Fußgängerunterführung in Zürich inszenierte. Wir froren alle, obwohl es Sommer war, in diesen kellerartigen Gängen am Escher-Wyss-Platz. Doch passte die unwirtliche Umgebung zum Stück. Es war ein düsterer, roher Oedipus. Wie auch Bärfuss' Sprache düster war, roh. Ja, zum Teil fast ungelenk, aber dennoch kräftig, alttestamentarisch. Keine leichte Kost. Sprachlich erinnerte es mich an den jungen Dürrenmatt, der in seinen »Stoffen« schrieb, er habe, als er mit Schreiben anfing, zuerst Deutsch lernen müssen, daher sei sein parataktischer Stil gekommen, und nicht etwa wegen seiner Affinität zum Expressionismus.

Dürrenmatt war Emmentaler, Bärfuss kommt aus Thun. Sein leiblicher Vater starb in der Zeit, in der wir uns kennenlernten, in dem Dorf, aus dem mein Vater stammt. Bärfuss kümmerte sich allein um die Beerdigung. Er organisierte die Bestattung, löste die Wohnung auf, erledigte alle Formalitäten. Jeder Tote macht uns etwas erwachsener.

Nach der Jahrtausendwende wurden unsere Leben hektischer, Bärfuss zog nach Zürich, ich blieb in Bern. Doch immer machten wir Ausflüge oder reisten zusammen. Ich begleitete ihn an die französischsprachige Uraufführung des Stückes »Die sexuellen Neurosen unserer Eltern« in Lausanne, vielleicht, weil ihn damals Französisch, das er heute fließend beherrscht, noch etwas nervös machte. Und: Wer geht schon gerne allein an eine Premiere?

Er besuchte mich 2003 in New York, wo ich ein Stipendium hatte, und von dort aus flogen wir nach Santo Domingo, wohin seine Mutter und sein Stiefvater gezogen waren, da der Stiefvater keine volle Rente beziehen konnte. Sie hatten mehr oder weniger mit der Schweiz abgeschlossen, der Kontakt war spärlich und ich verstand, weshalb er die Reise nicht allein machen wollte. Santo Domingo dann war Rum in Halbliterflaschen, dominospielende Dominikaner, die Mutter, die Bettlern zuschaut, die Kehrichteimer durchsuchen, und sagt »wenigstens frieren sie hier nicht«, seltsame Schweizer Clubs mit alten Männern, die über Santo Domingo und die Schweiz herziehen, junge Dominikanerinnen am Arm, und wir mittendrin, verloren, aber wenigstens zu zweit.

Ich traf ihn ein paar Wochen nach dem Tod seines Halbbruders, an seinem vierzigsten Geburtstag. Seine Mutter habe den Tod registriert. In die Schweiz kam sie nicht. Wieder organisierte Bärfuss eine Beerdigung praktisch allein.

Später wollte ich mit meiner Frau, frisch verheiratet, nach Südfrankreich fahren. An einen Ort, der mit öffentlichen Verkehrsmitteln nicht zugänglich war. Bärfuss bot sich als Fahrer an, organisierte ein Auto. Unglaublich hilfsbereit, wie immer. Wir fuhren nach einer gemeinsamen Lesung am Genfersee los, hörten laut Melvins im Auto und machten Witze über »Flitterwochen zu dritt«. Vielleicht weil Bärfuss nicht viel Zeit mit seiner Familie verbrachte, fühlt sich Zeit mit ihm immer familiär, vertraut, ungezwungen an.

Das Haus war groß genug, die Ruhe auch. Bärfuss schrieb in einem Zimmer mit Sicht auf die Hügellandschaft des Languedoc in seiner stilsicheren Schrift die ersten Seiten von »Koala«. Wie immer, Handarbeit.

Ich erinnere mich, wie er von einem Gespräch mit einem Schreinerlehrling erzählte, das er im Zug geführt hatte. Der Lehrling fragte ihn, was er denn beruflich mache.

»Wie? Schriftsteller? Das möchte ich nie sein!«

»Warum?«, fragte Bärfuss zurück.

»Da musst du immer gut sein. In meinem Beruf muss ich die Anforderungen erfüllen, aber du musst besser sein, immer bei den besten. Das wäre mir zu anstrengend.«

»Ich pflichte dem angehenden Schreiner zu«, sagte Bärfuss zu mir. Wir lachten. Nicht weil es lustig war, sondern weil es stimmte. Das Schreiben ist für Bärfuss ein knochenhartes Geschäft. Abgabetermine sind ihm ein Albtraum. Deshalb, nicht wegen der Eitelkeit, ist die Anerkennung wichtig und so unglaublich schön.

Judith Gerstenberg

Trotzdem

Laudatio zur Verleihung des Georg-Büchner-Preises 2019
an Lukas Bärfuss[1]

»Das Abenteuer«, schrieb der heute zu Ehrende vor vielen Jahren, »das Abenteuer ist es, ein Leben zu leben. Die Vereinzelung, die Absonderung passiert früh genug, von sich aus, ohne Zutun. Doch jetzt gilt es, mit dieser menschlichen Gesellschaft zu koexistieren und das heißt: Ich muss die Gesellschaft studieren. Nur was man nicht kennt, schmerzt.«

Jemand, der sich diese Aufgabe stellt, weiß um den Abgrund, er spürt die Angst, dass das Abenteuer, ein Leben zu führen, misslingen könnte. Lukas Bärfuss notierte die eben zitierten Sätze vor zwanzig Jahren in einem Brief, gerichtet an die damalige künstlerische Leitung des »Theater Basel«. In ihm ließ er der Verzweiflung eines jungen Autors freien Lauf, der nicht wusste, wovon er leben sollte, wenn sein Stipendium ausläuft und auch seiner Empörung über den Totenkult, mit dem sich seinerzeit die Kulturspalten der Zeitungen füllten, den Totenkult um eine Selbstmörderin, eine Dramatikerin seines Jahrgangs. Die Nachrufe, die man lesen konnte, labten sich am lustvollen Schauder, der Menschen ergreift, wenn sie erkennen, noch einmal davon gekommen zu sein. Da hatte jemand, der dem Schmerz und der Gewalt auf der Bühne Ausdruck gegeben hatte, seine Glaubwürdigkeit mit dem Tod bezahlt.

Diesen Opfergang wollte Lukas Bärfuss nicht antreten. Er wäre wohl auch ohne Wirkung geblieben. Er räsonierte: »Hätte ich mich in diesem Landhaus, wo die Stipendiatswohnung untergebracht war, aufgeknüpft, hätte es vielleicht eine Notiz in der Lokalzeitung gegeben, und die Empörung sich darin erschöpft, dass es nicht meine Wohnung und ich dort nur Gast, und: ein Stock tiefer ein Kindergarten war.« So ungleich, ahnte er, wären Pathos und Prosa verteilt. Er entschied sich den Weg in die Gegenrichtung anzutreten und schreibend in der Welt anzukommen.

Seine ungeheure Produktivität – er veröffentlichte seither 26 Theaterstücke, drei Romane, zwei Essaybände, Erzählungen, Hörspiele, Reden, Artikel – kommt nicht von ungefähr. Das Schreiben ist ihm Instrument, die Welt zu greifen, ihre Zusammenhänge zu erkennen, Orientierung zu finden – vielleicht dadurch auch Halt. Er ändert dafür immer wieder den Rahmen, die Genres, spielt virtuos mit verschiedenen Stilen, doch die Suchbewegung ist die gleiche, sie richtet sich darauf, den Abgrund zu überbrücken, die deutlich empfundene Differenz zwischen dem Einzelnen und der Gesellschaft.

Dem von mir erwähnten Brief war eine Skizze beigelegt, für die Lukas Bärfuss auf einen Stückauftrag hoffte. »Meienbergs Tod« sollte der Titel lauten, der nicht zufällig an einen Titel desjenigen erinnert, zu dessen Ehren heute der Preis vergeben wird.

Das Thema dieser Skizze war überraschend, wie so oft bei Lukas Bärfuss. Es lag nicht in der Luft und wartete darauf erlöst zu werden. Doch schon damals merkten wir – und das lag an diesem Brief –, dass man dem analytischen Blick dieses Autors für Stoffe unbedingt folgen sollte. Er sieht früher als andere, was uns beschäftigen müsste. Und: Das Thema, das er jeweils in ihnen findet, ist selten das, was man selbst vermuten würde, zeigen sie sich doch an ihrer Oberfläche harmlos, alltäglich. Erst durch seine Hinwendung öffnet sich die eigentliche Dimension, die beunruhigt, weil sie tiefer an das eigene Selbstverständnis rührt, als man wahrhaben oder auch zulassen möchte. Denn Lukas Bärfuss misstraut dem Umstandslosen, er ist ein scharfer Beobachter, begabt mit einer außerordentlichen Sensibilität für offene Situationen. Mit seinem bisherigen Werk hat er bereits eine umfangreiche Topografie der unbeantworteten und unbeantwortbaren Fragen unserer Zeit erstellt. Er ist auf der Suche nach Wahrhaftigkeit, nicht ohne gleichzeitig die Sorge durchblicken zu lassen, dass er dem, was er finden würde, womöglich nicht gewachsen ist. Doch zunächst zurück zu jener Skizze, jenem Stückentwurf »Meienbergs Tod«, den er nach Basel sandte und in dem sich ein Thema ankündigte, das Bärfuss durch sein Leben begleiten wird.

Der titelgebende Niklaus Meienberg war *die* Schweizer Ikone des investigativen Journalismus. Er war ein Störer in der Öffentlichkeit, ein Begehrender im Privaten, ein berserkerhafter Regel- und Selbstverletzer, dessen auffahrendes, autoritäres Gehabe seinen propagierten Überzeugungen gänzlich zuwiderlief. Er hatte sich schon zu Lebzeiten demontiert, wund gekämpft, litt am Ende unter psychotischen Schüben. Schließlich schluckte er Rohypnol. Zum Zeitpunkt von Bärfuss' Vorschlag war diese streitbare Figur der jüngeren Generation – also uns – gerade noch ein Begriff. Eigentlich schon am Vergessenwerden, denn der übliche Ablauf von Verklärung und Entzauberung hatte schon stattgefunden.

Bärfuss bediente sich jedoch eines ästhetischen Mittels der Distanzierung, ließ Zeit und Raum sich krümmen bis sich verschiedene Erzählebenen berührten und neue Bedeutungsräume öffneten: Eine Schauspieltruppe, kostümiert als Dantonisten, war beauftragt, Szenen aus dem Leben dieses revolutionären Journalisten zu spielen. Doch keiner wollte seine Rolle übernehmen. – Es sei daran erinnert, dass um die Jahrtausendwende bereits das Ende der Geschichte ausgerufen worden und das öffentliche Engagement nicht in Mode war. – In der Bühnengegenwart der Truppe entbrannte eine heftige Diskussion über Politik, Moral und öffentliches Bewusstsein, bis einer der ihren mehr und mehr in Vehemenz, Hybris, Selbsthass mit der Rolle dieses Meienberg verschmolz. Unerträglich für die anderen, gegen die dieser Spieler wütete und die gemeinsame Unternehmung verunmöglichte. Am Ende waren diese erleichtert über dessen Tod und schickten ihm nach: »Du glaubst eine Berufung zu haben und früher waren wir eifersüchtig auf deine Leidenschaft im Stil, jetzt sind wir froh, davon verschont geblieben zu sein. Denn wir kennen vielleicht noch das Wie, doch das Wozu haben wir vergessen.«

Es ging Lukas Bärfuss nicht um Meienberg. Es ging ihm um die Gesellschaft, die ihn umgab, ihre Hilflosigkeit im Umgang mit diesem Menschen, mit der Abweichung von der Norm und ihre Hilflosigkeit im Umgang mit den eigenen Überzeugungen, es ging ihm um sich als Teil von ihr.

Lukas Bärfuss selbst ist alles andere als ein Pöbler. Es handelt sich bei ihm vielmehr um einen Menschen, der seine Worte mit großer Bedachtsamkeit abwägt, der langsam spricht, den Gedanken ertastend, dem Gewicht des einzelnen Ausdrucks nachspürend, der keinen Satz zu viel sagt und keinen zu wenig, dessen Äußerungen druckreif sind.

Seine Behutsamkeit resultiert aus seinem distanzierten Verhältnis zur Sprache, die er zuallererst als Beobachtungsfeld, als gesellschaftlichen Raum begreift. Es gibt ja keine Sprache außerhalb der Diskurse, keinen Ort, an dem sie dem permanent drohenden Konformismus mit der Macht entgehen würde. Es gibt sie nicht, heißt das also, die eigene Sprache. Sie ist immer fremd, immer Konvention. Dieser durchaus schmerzlichen Nichtverfügbarkeit für das Eigene liegt die Erfahrung des Einzelnen zugrunde, in seinen Empfindungen und Triebfantasien sprachlos zu sein.

Daher schaut Bärfuss in seinen Texten auf den Ausstoß unserer Gesellschaft, ihre öffentliche Rede, ihre Festlegungen, ihre Argumentationslinien und sucht dabei nicht das Geheimnis hinter den Dingen, sondern darin, wie sie sich dargestellt wissen wollen. Er erforscht das systematisch. Zuerst im Theater.

Nicht umsonst zählt er unterdessen zu den wichtigsten und erfolgreichsten Dramatikern, die wir haben – er wird hierzulande und auch international gespielt. Er sucht die Bühne auf als öffentlichen Ort für Experiment und Erfahrung. Sowohl im Theater als auch in der Gesellschaft geht es um Zuschreibungen, Verabredungen, Akzeptanz – und um Verwandlung. Daher bietet es die einzigartige Möglichkeit, die Mechanismen des menschlichen Zusammenlebens zu untersuchen. In der Öffentlichkeit, als gemeinsames Erlebnis, als geteilte Erfahrung.

Zuerst unser Verhältnis zur Sprache: So wie die Schauspieler fremden Text lernen, um sich auszudrücken, so tun wir das außerhalb der Bühne auch. Wir sprechen eine Sprache, die bereits definiert ist, in die wir hineingeboren wurden. Diese Künstlichkeit betont Bärfuss. Die Sprache, die seine Figuren sprechen, ist klar und grundsätzlich. In der Erarbeitung während der Proben erweist sich: Es ist kaum möglich, sie sich improvisierend anzueignen, jedes hinzugefügte Wort, jedes Füllsel stört. Umformulierungen rächen sich spätestens im Folgesatz, Auslassungen auch. Bärfuss verweigert zudem die psychologische Ausstaffierung seiner Figuren. Er hält das nicht für wirksam. Es würde auch ablenken vom Wesentlichen, nach dem er sucht.

So hält er auch die Szenen seiner Stücke knapp, sie gleichen Tableaus, die unaufgeregt, sachlich, einen Konflikt zur Betrachtung freigeben. Oberflächlich haben Bärfuss' Texte tatsächlich einen undramatischen Duktus. Doch in den Zwischenräumen brodelt es. Die Problematik, die sich in ihnen sukzessive auseinanderfaltet, zielt auf die Kernfragen der Moderne: Wie lieben, wie sterben, wie glauben wir, wie erinnern wir, wonach richten wir uns in unserer säkularisierten Gesellschaft, deren höchster Glaubensartikel der freie Wille ist, die persönliche Freiheit? Bärfuss begegnet diesen Fragen dialektisch, mit einem Denken, das gerade das Aufdecken von Ambivalenzen und Widersprüchen zum leitenden Motiv hat. Die Sachlichkeit im Duktus löst interessanterweise Aggressionen aus. Oftmals fühlt sich das Publikum provoziert, weil es gewahr wird, dass uns die Ideen, die wir uns über uns als Gesellschaft gemacht haben, am Ende nichts nützen werden.

Tatsächlich zielen Bärfuss' Stücke auf Erkenntnisgewinn. Sie gleichen Laborversuchen. Er steckt sich jeweils ein Untersuchungsfeld in Raum und Zeit ab, so groß beziehungsweise so klein, dass es die Beobachtung zulässt. Er nimmt das Einzelne, Konkrete und studiert seine Voraussetzungen. Er lässt sich nicht täuschen von den unausgesprochenen Übereinkünften, die das geheime Regelwerk unseres Zusammenlebens ausmachen. Gerade sie sind es, die er untersucht – immer auch, um herauszufinden, wo er selbst sich befindet. Sein Blick ist dabei durchaus ein liebender, ein faszinierter. Er staunt darüber, wie unsere Gesellschaft funktioniert, mehr noch: er staunt darüber, dass dieses überaus komplexe Gefüge überhaupt funktioniert. Dieses Staunen verdankt sich dem Blick für die Gefährdung. In ihr entdeckt er enormes dramatisches Potenzial. Und darum baut dieser Dramatiker die Ausgangssituation seiner Stücke auch sehr präzise. Er fängt den Moment ein, in dem das Gleichgewicht kurz davor ist aus dem Lot zu fallen. »Mit den ersten Repliken sollte das Stück determiniert sein«, ist er überzeugt. »Der Stein ist geworfen und ich muss nur noch schauen wie er fällt.«

Im Zentrum vieler seiner Stücke stehen Figuren, die noch nicht in der Welt angekommen sind. Ist man ihnen einmal begegnet, verlassen sie einen nicht mehr. Und zwar nicht, weil sie einem so nahe gekommen wären, sondern weil man sich in ihrer Gegenwart fremd geworden ist. Die eigene Fremdheit in der Welt wird bewusst, die Fragilität, die dem sozialen Zusammenhang innewohnt.

Judith Gerstenberg

Da ist zum Beispiel Dora aus »Die sexuellen Neurosen unserer Eltern« – sie soll hier beispielhaft für andere stehen. Dora ist jenes Mädchen, das ein Haarbreit nur neben unserer Welt liegt. Sie ist nicht ganz richtig im Kopf. Ihre Mutter möchte ihr zukünftig ohne Sedierung durch Medikamente begegnen. Damit fängt das Stück an. Was folgt, ist der schwierige Prozess einer Menschwerdung. Da Dora nicht in den Rastern der normalen Kommunikation funktioniert, Situationen nicht antizipieren kann, entwickelt sie ein System sprengendes Potenzial, das selbst die liberalste Gesinnung überfordert. In der Folge erlebt sie, dass sie nicht frei über sich verfügen kann und man entdeckt, dass es einem selbst letztlich auch so ergeht, weil sich erst durch persönlichen Verzicht, durch Unterwerfung in einer Gesellschaft leben lässt. Sozialisation, das zeigt dieses Stück, lässt sich nicht lehren, nur lernen. Wir fühlen uns provoziert, weil der Diskurs, den wir zu führen gewohnt sind, in den konkreten dargestellten Situationen versagt. Unser Selbstbild kollidiert mit unserem Handeln. Und anders als unser liberales Selbstverständnis behauptet, sehen wir auch, dass wir *nicht* in der Lage sind, Widersprüche auf lange Sicht zu ertragen. Wir sehen uns stattdessen mit der Frage konfrontiert, was schließlich passiert, wenn die Geschichte, die wir uns von uns erzählen, nicht passt, wenn wir gewahr werden, dass die fremdeste Geschichte von allen diejenige ist, von der wir glauben, es ist die eigene. Die Antwort ist, so die Beobachtung: Gewalt. Gewalt, die Anpassungsprozesse erzwingt.

Lukas Bärfuss zeigt in seinen Stücken keine Fälle – das ist manches Mal ein Missverständnis –, sondern protokolliert, welches Gesicht sich ein Problem in der öffentlichen Diskussion gibt. Und er protokolliert das Dilemma, in das sich unsere Gesellschaft hineinmanövriert mit ihrem unaufhaltsamen Bestreben, für alles eine Lösung zu finden. Darin steckt die befreiende Komik seiner Texte. Das Lachen ist ihm wichtig. Als revolutionäre Kraft und als erkennende.

Da Dichtung – Schreiben und Sprechen überhaupt – nicht denkbar ist ohne ihre Prägung durch das konkrete Subjekt in seinem Gezeichnetsein durch die ihm eigene Erfahrung, erlauben Sie mir bitte einen kurzen Exkurs in seine Biografie: Lukas Bärfuss ist 1971 in Thun, einer kleinen Garnisonsstadt in der Schweiz, geboren. Die Familienverhältnisse waren schwierige, die Schulzeit ungeliebt und kurz, er lebte zuweilen auf der Straße, lebte vom Mundraub. Tätigkeiten als Gabelstaplerfahrer, Eisenleger, Gärtner und Lohnarbeiter eines Tabakbauern stehen in seinem Lebenslauf. Aber es ist nicht geraten, diese Zeit zu stilisieren. Die Arbeitsbereiche für einen Ungelernten waren der Not geschuldet. Schließlich – ein Märchen: Ein Mitarbeiter einer Entrümpelungsfirma überließ dem Obdachlosen das Lexikon eines Verstorbenen, dessen Haushalt gerade aufgelöst wurde.

Lukas Bärfuss' Bildungshunger erwachte, systematisch arbeitete er dieses Lexikon durch, von A bis Z, fand zu den Büchern, fand zur Literatur als

Gegenort, als Ort des Möglichen, des Nicht-Tatsächlichen, von dem aus das Tatsächliche in den Blick genommen werden kann, als »Rastplatz der Reflexion«, wie einmal der Sozialphilosoph Oskar Negt den gesellschaftlichen Wert der Literatur, des Theaters, der Kunst überhaupt beschrieb. Bärfuss las und las, suchte die klassischen Grundtexte unserer Zivilisation auf und entwickelte das untrügliche Gefühl, dass diese Lektüren mit seinem eigenen Leben zu tun haben. Er begann die Zeit zu vermessen zwischen dem Damals und Heute und untersuchte, was geblieben ist und was sich verändert hat. Er absolvierte eine Buchhändlerlehre und beschloss Schriftsteller zu werden, und er ist, wenn man ihm glauben darf, noch heute überrascht, dass diese kühne Behauptung gesellschaftliche Akzeptanz erfahren hat.

Und genau darum geht es Lukas Bärfuss fortan auch in seinem Schreiben: um gesellschaftliche Zuschreibungen, Verabredungen, Akzeptanz und natürlich – die versteckte Gewalt, die davon ausgeht und Fluchtversuche provoziert, die besonders in Bärfuss' Prosa Thema sind. Seine drei Romane sind so stark, so konzentriert, so intelligent entwickelt, dass ich an dieser Stelle darauf verzichten muss, sie in der Kürze der mir gegebenen Redezeit anzureißen. Ich kann sie nur jedem anempfehlen und ich hoffe, in dieser Laudatio eine Spur für ihre Lektüre zu legen, denn auch sie handeln von jenen Verhaltensparadoxien.

Vielleicht verdankt sich die geschärfte Beobachtungsgabe für die blinden Flecken in unserem Selbstverständnis dem Parzival'schen Blick – eines, der verspätet in die Gesellschaft integriert wird, der die Sozialisation erst im jungen Erwachsenenalter nachholt und daher diesem Gemeinwesen gegenüber, bei dem er um Aufnahme ersuchte, die Distanz behält. In »Parzival«, einem dieser Grundtexte, sieht Bärfuss den Urkonflikt des Schriftstellers verhandelt, der sich einerseits danach sehnt, Teil jener Gesellschaft zu sein, die er beschreiben möchte, der sich wünscht, mitten in ihr zu stehen, von allem berührt zu werden, die größtmögliche Zeitgenossenschaft und Durchlässigkeit zu haben – der aber andererseits für und durch seine Arbeit als Dichter eine Distanz aufbaut. Dichtung, so Bärfuss, sei nur möglich in diesem Widerspruch.

Vielleicht ist es diesem verspäteten Einstieg in die Bildung auch zu verdanken, dass wir es bei diesem Autor mit einem so eigenständigen, unkorrumpierbaren Denker zu tun haben, der sich die Zeit nimmt, die es braucht, alles selber zu durchschreiten, sich selber zu erarbeiten, schreibend. »Was die Welt sagt und was in den Büchern steht, das kann nicht maßgebend für mich sein. Ich muss selber nachdenken, um in den Dingen Klarheit zu erlangen.« Diese letzte Replik aus Ibsens »Nora« zitiert Bärfuss oft und meint sich selbst. Er riskiert Umwege, viele, aber keine Abkürzung.

Die Gesellschaft, die Öffentlichkeit – Sie merken: ich reite ein wenig darauf herum – ist sein Thema. Und: Er meidet sie nicht. Im Gegenteil. Tatsächlich ist er ein brillanter »Öffentlichkeits-Arbeiter«: in seinen Reden, Vorlesungen, seinen hellsichtigen Essays lässt er uns explizit teilhaben an seinen Bildungsprozessen, den Entwicklungen seiner Fragestellungen.

Jeder Auftritt, jedes Buch, jede seiner Veröffentlichungen liest sich als die Fortsetzung eines Gesprächs, für das er mich, den Leser, Hörer, Zuschauer als Gegenüber sucht und – deswegen fühlt man sich wohl in seiner Nähe – in all seinen Irrtümern ernst nimmt. Bärfuss' Texte sind adressiert, da spricht jemand, der Austausch sucht. Auch deshalb kann man sich ihnen nicht entziehen. Sein unumstößliches Vertrauen in das Gelingen einer Gedankenarbeit, die ihre Kraft aus sokratischer Selbstbefragung bezieht, ist sehr tröstlich und emanzipiert sein Gegenüber, das er darin einbezieht. In diesem Sinne ist Bärfuss ein Aufklärer, denn Aufklärung ist ein Modus des Denkens und, wie wir wissen, etwas Unabschließbares. Er hört nicht auf zu fragen: Was bedeutet das? Wer hat die Deutungshoheit – über die Gesellschaft, über sich selbst, sein Leben, seine Rolle?

Es geht ihm aber auch um die Möglichkeiten der Veränderung, eben jene Verwandlung, für die Bärfuss das Theater so liebt, das Verwandlung zeigt und Verwandlung ermöglicht. Es geht ihm um die Möglichkeiten der Veränderung auch außerhalb des Theaters. Er ist wahrhaft ein *zoon politicon*, ein politischer Mensch, der das Gemeinwesen zum Hauptgegenstand seiner Untersuchungen und – das ist herauszuheben – seines Handelns macht: Als Vater seiner Kinder und als Bürger eines Staates.

Daher scheut er auch nicht die Einmischung: 2015 zum Beispiel, vor den Schweizer Parlamentswahlen, veröffentlichte er in der »FAZ« einen eindringlichen Warnruf, der auf den Rechtsruck der Medien seines Landes aufmerksam machte, auf die Auswechslung von unliebsamen Journalisten in den Redaktionen, die bis dahin weitgehend unkommentiert geblieben war. Was darauf folgte war ein Sturm der Entrüstung. Man warf ihm Paranoia vor. Sein Schriftstellerfreund Pedro Lenz hatte ihm noch zugerufen: »Ich warne Dich vor der Rache derer, die Du herausforderst. Sie werden Dich plagen und anonyme Hassmails schicken. Auf Dich als Person werden sie zielen, so wie es die Intellektuellen-Jäger der ›Weltwoche‹ schon vorgemacht haben.« In den zahllosen sich anschließenden Interviews sah man Lukas Bärfuss denn auch seine Sehnsucht an, an den Schreibtisch zurückkehren zu dürfen, doch betrachtet er den unbotmäßigen Eingriff in die Macht- und Herrschaftsverhältnisse als selbstverständliche Verpflichtung des politischen Intellektuellen.

Übrigens: Das einzige Wort, das Lukas Bärfuss für seine Poetik gelten lassen möchte, lautet: Trotzdem.

---

1 Gehalten am 2. November 2019 in Darmstadt.

Gregor Dotzauer

Aufatmen im Gegenwind
Das Phänomen Lukas Bärfuss

Habituelle Provokateure sind eine Plage für jede Medienrepublik. Unter dem Vorwand, unliebsamen Wahrheiten Gehör zu verschaffen, bewerben sie oft nichts anderes als die eigene Marke, und je mehr sie dabei angeblich minoritäre Meinungen kundtun, desto stärker setzen sie insgeheim auf das Einverständnis der schweigenden Mehrheit. Auch Lukas Bärfuss muss sich diesen Vorwurf gefallen lassen: Als ausgewiesener Linker bedient er, von Rechtskonservativen regelmäßig angefeindet, zumindest die Bedürfnisse eines liberalen Kulturpublikums. Wer sich der radikalen Ernsthaftigkeit seiner Bücher und Theaterstücke aussetzt, stößt allerdings nirgends auf einen narzisstischen Spieler.

Bärfuss braucht den Gegenwind zum Atmen, und er macht seinem fortgesetzten Ärger Luft, um nicht an den Schweizer Verhältnissen zu ersticken. Seine Wortmeldungen und Kolumnen sind Ausdruck eines psychohygienischen Grundbedürfnisses, der vor kaum einem Aspekt des öffentlichen Lebens haltmacht. So kontinuierlich wie unroutiniert tut er das Unvermeidliche im Aussichtslosen. Darin liegt, über alle Lagerpolaritäten hinaus, der Unterschied zu Antipoden wie dem notorischen Wider-den-Stachel-Löcker Roger Köppel, dem Verleger und Chefredakteur der »Weltwoche«, der seit 2015 für die nationalkonservative SVP im Nationalrat sitzt.

Unter dem Titel »Die Schweiz ist des Wahnsinns« veröffentlichte Bärfuss 2015 in der »Frankfurter Allgemeinen Zeitung« einen »Warnruf«[1], mit dem er vor allem in seiner Heimat Empörung auslöste. Ausgehend von einer »Suissemania« genannten Sammelbildaktion der größten Einzelhandelskette Migros mit 50 nationalen Sehenswürdigkeiten, sah er sein vor den Parlamentswahlen stehendes Land auf einem rechten Irrweg. Bärfuss störte sich insbesondere an dem Wort Manie und diagnostizierte nach einem Blick in den Pschyrembel »eine psychotische Störung der Affektivität, häufig mit Wahnvorstellungen und Katatonie verbunden«.[2]

Dagegen nimmt sich jede Bosheit von Max Frisch oder Friedrich Dürrenmatt onkelhaft gutmütig aus – wobei für das Maß der polemischen Schärfe sicher auch die Blickrichtung eine Rolle spielt. Erst mit Bärfuss überquerte, wenn man von Reto Hännys widerständiger Prosa absieht, wieder ein nennenswertes Maß an Unmut die Grenze nach Deutschland. Der stille Außenseiter Hugo Loetscher blieb ein innerschweizerisches Phänomen, und Adolf

Muschg, der neben seiner Dauerfehde mit dem SVP-Urgestein Christoph Blocher nicht nur durch seine proeuropäischen Einlassungen kaum zu unterschätzende politische Verdienste hat, ist aus Altersgründen für die Härten der Gegenwart verloren.

In der Tat war Muschg 1994 nach dem acht Jahre zuvor bedachten Friedrich Dürrenmatt der letzte Schweizer, der mit dem Georg-Büchner-Preis der Deutschen Akademie für Sprache und Dichtung ausgezeichnet wurde. Dagegen kamen die Österreicher, die zuletzt 2008 und 2009 mit Walter Kappacher und Josef Winkler geehrt wurden, viel öfter zum Zuge. Ob das mit der wachsenden Entfernung eines Landes zu tun hat, das mit der Europäischen Union traditionell fremdelt, oder mit einer kulturellen Verkapselung, die die Schweizer Literatur seit Jahren in den Bereich eines Sonderforschungsbereichs verweist, darüber lässt sich streiten.

Anzunehmen ist jedoch, dass Lukas Bärfuss nicht ohne Weiteres in den Fokus der Darmstädter Akademie für Sprache und Dichtung gerückt wäre, wenn er, nach seinem Debüt mit der Novelle »Die toten Männer« (2002) bei Suhrkamp, mit dem Göttinger Wallstein Verlag nicht eine deutsche Heimat bekommen hätte – und in den hiesigen Medien einen zuverlässigen Resonanzverstärker. Die Nominierung zum Leipziger Buchpreis für den Roman »Hagard« im Jahr 2017 war nur das letzte Signal in einer langen Reihe bundesdeutscher Auszeichnungen. Schließlich darf man nicht vergessen, dass der Dramatiker Bärfuss, der von 2009 an vier Jahre lang als Dramaturg am Zürcher Schauspiel arbeitete, heute an deutschen Bühnen häufiger gespielt wird als an eidgenössischen. Mit dem Auftragsstück »Der Elefantengeist«, 2018 am Mannheimer Nationaltheater uraufgeführt, widmete er sich sogar einem genuin deutschen Thema: der zwischen Provinzialität und weltgeschichtlicher Bedeutung schwankenden Bonner Republik und ihrem Kanzler gewordenen Inbegriff Helmut Kohl. Es klingt in den Ohren seiner Landsleute wohl wie eine weitere Spitze, wenn er sich als »Kulturdeutscher«[3] bezeichnet.

Am Anfang seiner Bühnenkarriere steht 1998 eine Variation von »Sophokles' Oedipus« in der Zürcher Fußgängerzone. Aus der »Antigone« zitiert er heute noch gerne den Satz: »Ungeheuer ist vieles und nichts ungeheurer als der Mensch.«[4] Im Jahr darauf machte er mit der Groteske »Meienbergs Tod« Furore. Sie widmet sich Leben und von eigener Hand vollzogenem Sterben des legendären Schweizer Reporters Niklaus Meienberg. 2003 folgte »Die sexuellen Neurosen unserer Eltern« über das geschlechtliche Erwachen einer jungen Frau aus der psychopharmakologischen Ruhigstellung. Zuletzt feierte im Januar 2020 im Theater Basel sein Porträt des Karrieristen »Julien« Premiere, eine Bearbeitung von Stendhals Roman »Rot und Schwarz«.

Wenn man Bärfuss' Zorn eines zugutehalten will, dann ist es ein Bemühen um moralische Universalität. Er kennt seine spezifisch schweizerischen

Blessuren, aber 2008 hielt er in seinem ersten Roman »Hundert Tage« den Völkermord der Hutu an den Tutsi in einem stark allegorisch gehaltenen Ruanda dagegen. Der Protagonist, ein junger Entwicklungshelfer, versucht, versteckt in seinem Haus, sich einen Reim darauf zu machen, was vor seiner Tür geschieht, und ist doch schon mit dem Alltag überfordert.

An diesem Blick über den europäischen Horizont hinaus hat sich Bärfuss immer wieder probiert. Der Essayband »Stil und Moral« (2015) beginnt mit der Erinnerung an eine Reise in den Norden Kameruns an der Grenze zum Tschad, wo ihm ein einheimischer Grundschullehrer zum Abschluss seines Kurzvortrags über die Schweiz die Frage stellt: »Et vous, alors, vous avez été colonisé par qui?«[5] – von wem bitteschön sind Sie eigentlich kolonisiert worden? Und im Nachfolgeband »Krieg und Liebe« geht es unter anderem um das blutige Gefecht um Port Arthur im Gelben Meer während des Russisch-Japanischen Kriegs 1904.

In alledem steckt keine Obsession mit dem Tod, die ihren Gegenstand im Ausland suchen muss: Es ist das, was im Kleinen und im Großen in jedem Menschenleben auf dem Spiel steht. Sein 2014 erschienener Roman »Koala«, eher ein erzählender Essay in drei heterogenen Teilen, verarbeitet den Selbstmord seines Halbbruders, der sich durch langjährigen Drogenmissbrauch immer weiter an den Rand seines bürgerlichen Lebens gebracht hatte, und er tut dies weniger autobiografisch denn als lakonische Fallstudie.

Ganz ins Fiktionale greift der Roman »Hagard« (2017) aus: die Tragödie eines lächerlichen Mannes, der hilflos seiner eigenen Selbstzerstörung zusieht. Aus einer bloßen Laune heraus folgt der Protagonist, ein Immobilienverwalter mit klarem Pflichtenkatalog, einer Frau, wie sie ein Zürcher Kaufhaus verlässt. Er sieht sie immer nur von hinten und im Verlauf seiner zusehends zwanghaften Beschattungsaktion wohl nur noch als Schimäre – als jemanden, den er für diejenige hält, der er nachsteigt. In fein polierter Prosa beobachtet Bärfuss, wie sein Mann mangels eines funktionierenden Smartphones erst den Kontakt zu seiner Umwelt verliert und dann mit einem fehlenden Schuh sogar noch den gewohnten Boden unter den Füßen. Ein Albtraum mit kaltem Witz.

Die Prosa von Lukas Bärfuss weiß wenig von den inneren Unruhen ihrer Figuren – erst recht, wenn wie bei »Hagard« noch ein Erzähler dazwischengeschaltet ist, der die Verzweiflung herunterkühlt. Selbst in den Momenten der Erschütterung verlieren Bärfuss' Sätze nicht die Contenance. Aber gerade das macht einen Teil ihrer unheimlichen Wirkung aus.

Die Webschwächen, die sich seine Romane hin und wieder vorhalten lassen müssen, liegen eher im Dramaturgischen. Ihre große Stärke wiederum besteht darin, dass sie die Literatur nicht für ein beliebiges Medium der Darstellung halten. Die Konflikte, die Bärfuss verhandelt, gewinnen erst im Schreiben ihre einzigartige Form. »Ich weiß alles, und ich begreife nichts«,[6] erklärt der Erzähler von »Hagard«. Das kann man getrost auch als Antriebskraft von Lukas Bärfuss und seiner unvergleichlichen Zeitgenossenschaft lesen.

[1] Lukas Bärfuss: »Die Schweiz ist des Wahnsinns«, in: »Frankfurter Allgemeine Zeitung«, 15.10.2015, https://www.faz.net/aktuell/feuilleton/buecher/lage-in-der-schweiz-vor-parlamentswahlen-2015-trostlos-13856819.html (Letzter Aufruf am 8.6.2020). — [2] Ebd. — [3] Julius Stucke: »Kohl hat die Menschen extrem frustriert.«, in: »Deutschlandfunk Kultur«, 29.9.2018, https://www.deutschlandfunkkultur.de/urauffuehrung-von-der-elefantengeist-kohl-hat-die-menschen.1008.de.html?dram:article_id=429359 (Letzter Aufruf am 8.6.2020). — [4] Philipp Haibach: »Nur drei Fragen, Herr Bärfuss!«, in: »Die Welt«, 15.3.2017, https://www.welt.de/print/welt_kompakt/print_literatur/article162858710/Nur-drei-Fragen-Herr-Baerfuss.html (Letzter Aufruf am 8.6.2020). — [5] Lukas Bärfuss: »Stil und Moral. Essays«, Göttingen 2015, S. 7. — [6] Lukas Bärfuss: »Hagard. Roman«, Göttingen 2017, S. 7.

Tom Kindt

»Ins Gelächter führen«
Komik bei Lukas Bärfuss

Komik ist keine der Kategorien, die in der Beschäftigung mit dem Werk von Lukas Bärfuss besondere Beachtung finden. Soll bestimmt werden, was das vielseitige Schaffen des Schweizer Autors auszeichnet, werden in aller Regel andere Züge seiner Theaterstücke, Erzählungen, Romane oder Essays in den Blick genommen – solche etwa, wie sie die Deutsche Akademie für Sprache und Dichtung anlässlich der Verleihung des Büchner-Preises an Bärfuss im Jahr 2019 gerühmt hat: »Mit hoher Stilsicherheit und formalem Variationsreichtum erkunden seine Dramen und Romane stets neu und anders existentielle Grundsituationen des modernen Lebens«. Charakteristisch für Bärfuss' Texte, so heißt es in der Erklärung der Preisjury weiter, seien »politisches Krisenbewusstsein« und »psychologische Sensibilität«, der »Wille zur Wahrhaftigkeit« und die »Fähigkeit zur Gesellschaftsanalyse«.[1]

Entsprechende Würdigungen sind grundsätzlich durchaus treffend, sie übersehen aber einen prägenden Zug im Werk von Bärfuss. Tatsächlich kreist sein Schaffen beharrlich um die Frage, was es heißt, in einer modernen Gesellschaft zu leben, die – mit seinen eigenen Worten gesagt – ein maßgebliches »Ideal« der Moderne verloren hat, »das einer Zukunft, die auf unserer Seite ist«.[2] Zu ergänzen ist jedoch, dass in Bärfuss' Erkundungen der »existentiellen Grundsituationen des modernen Lebens« einer Darstellungsweise zentrale Bedeutung zukommt – der des Komischen und der ihm verwandten Form des Grotesken. Dieses vernachlässigte Merkmal von Bärfuss' Werken sollen die folgenden Betrachtungen näher in den Blick nehmen.

1

In Lukas Bärfuss' dramatischem Werk ist die Bedeutung komischer Sicht- und Schreibweisen seit den Anfängen offenkundig. »Meienbergs Tod«, das Stück, mit dem ihm 2001 der Durchbruch als Dramatiker gelang, ist dabei als wichtiger, modellbildender Ausgangspunkt zu sehen. Wie viele weitere Texte von Bärfuss, nicht allein die für das Theater, nähert sich das Stück zeithistorischen und existenziellen Themen in distanzierter und meist zugleich komischer Form. In seiner Grundanlage knüpft »Meienbergs Tod« an die Tradition von Brechts epischem Theater an; es setzt auf Illusionsbrüche und andere Verfremdungseffekte, die eine mitfühlende Anteilnahme an den Figuren erschweren und so zur nüchternen Betrachtung der Präsentation ihres Verhaltens führen sollen. Durch die Auftritte eines Chors, das Aus-der-Rolle-Fallen und das Sich-ans-Publikum-Wenden der Figuren wird eine Haltung zum Bühnengeschehen nahegelegt, wie sie im Stück der Hauptfigur gegenüber dem Weltgeschehen nachgesagt wird: »Er ist dabei, doch steckt er / nicht drin. Er hat Distanz.«[3]

Wie in den epischen Dramen Brechts unterstützen sich Distanzierung und Komisierung in »Meienbergs Tod« und anderen Stücken von Bärfuss wechselseitig: Abstand zum Dargestellten ist wichtige Voraussetzung für szenische Komik, die ihrerseits eines der wesentlichen Verfahren zur Herstellung von rezeptiver Distanz ist. Und wie bei Brecht lässt sich als leitendes Ziel dieses Wechselspiels auch bei Bärfuss das der Erkenntnis ausmachen. »Das Selbstverständliche wird in gewisser Weise unverständlich gemacht«, so Brechts berühmte Erläuterung der Funktionsweise von Verfremdungseffekten, »das geschieht aber nur, um es dann um so verständlicher zu machen.«[4] Vor dem Hintergrund der skizzierten grundlegenden Gemeinsamkeiten wird nun freilich die besondere Akzentuierung erkennbar, die der Zusammenhang von Distanzierung, Komik und Erkenntnis in Bärfuss' Dramen erhält und die in »Meienbergs Tod« bereits durch den Gattungsvermerk »Eine Groteske«[5] richtungweisend angezeigt wird. Im Unterschied zu Brecht nutzt Bärfuss neben Illusionsstörungen und subtilen Verfremdungen von Verhaltensweisen immer wieder drastische Abweichungen vom Gewöhnlichen und Erwartbaren, solche, bei denen Belustigung in Befremden oder Erschrecken umschlagen kann.

Grundlage ist hierbei nicht die Lust an der Provokation oder eine Dramaturgie der Geschmacklosigkeit. In »Meienbergs Tod« werden solche Positionen selbst zur Zielscheibe des Spotts, etwa, wenn mehrfach prahlerisch »die Szene mit dem Schredder und dem Schweinekopf« angekündigt, dann aber doch nicht auf die Bühne gebracht wird: »Der Schredder ist kaputt. / Wir zeigen anstelle den Imitationsreigen.«[6] Bärfuss' Nutzung des Grotesken erklärt sich vielmehr aus seiner Einschätzung der Erkenntnispotenziale, die mit komischen und anderen Verfremdungseffekten verbunden sind. Seinen Stücken geht es – anders als denjenigen Brechts – nicht darum, auf der Bühne eine quasi-wissenschaftliche Durchdringung sozialer Mechanismen in Gang zu setzen; sie legen es vielmehr – ganz ähnlich wie die Dramen Dürrenmatts – darauf an, eine schlaglichtartige Erhellung von Zusammenhängen zu initiieren.[7] Die Formen des Grotesk-Komischen leisten genau dies, wie die letzte Szene von »Meienbergs Tod« anschaulich macht: Während Meienberg nach der Einnahme von Tabletten stirbt, über dem Kopf eine Plastiktüte mit dem Schriftzug »*Save the Whales*«, wird eine Schmäh- und vorgezogene Grabrede auf ihn gehalten: »Jetzt bist du übers Ziel hinausgeschossen«.[8]

2

Welche Vorstellungen von Theater und Literatur dem Schluss von »Meienbergs Tod« ebenso wie den vergleichbar angelegten Szenen in seinem Werk zugrunde liegen, hat Bärfuss in seinen Bamberger Poetikvorlesungen von 2016 erläutert. Er entwickelt hier Überlegungen zu einem Schreiben, das Zuschauer, Leser und nicht zuletzt den Schreibenden selbst »ins Gelächter führen«[9] soll. Zum Konzept des Komischen äußert er sich nur allgemein, ohne dessen verschiedene Ausprägungen oder gar die des Grotesken näher zu beleuchten; gleichwohl erhellen seine Betrachtungen, warum gerade dieser und ähnlichen Formen von spielerischer Regelverletzung in seinem Werk so große Relevanz zukommt.[10] Der Weg »ins Gelächter« verläuft, so Bärfuss in Anknüpfung an John Vorhaus' »Comic Toolbook«, über eine Spielart literarischer Komik, die zugleich Wahrheitserkenntnis und Schmerzerfahrung ist und gerade durch diese Verbindung besondere Einprägsamkeit besitzt: »Schreiben als Arbeit an der Erinnerung, als Versuch, sich der Wahrheit zu nähern, muss (…) ins Gelächter führen. Wenn ich nach einem Tag am Schreibtisch nicht gelacht habe, dann versuche ich es am nächsten Tag und werfe die Arbeit vom Vortag weg, einfach, weil ich das Gefühl habe, keine Erkenntnis gewonnen zu haben.«[11]

Der Modellfall, an dem Bärfuss die Idee eines komischen, schmerzhaft-erkennenden Schreibens beispielhaft erläutert, ist der des Witzes. In Witzen gebe es etwas zu verstehen, und dieses Verstandene sei untrennbar mit dem Schmerz verbunden, den die mehr oder weniger treffende Pointe verursache. Die Veranschaulichung am Witz sollte freilich nicht zu dem Schluss verleiten, dass Bärfuss Grotesk-Komisches nur als ein Gestaltungsverfahren in einzelnen Szenen zum Einsatz bringt; er macht es vielfach zugleich zum Strukturprinzip, das dem Aufbau der Handlungswelten seiner Dramen zugrunde liegt. Auch die entsprechend angelegten Stücke zeigen verfremdete, lustig oder eigentümlich abweichende Verhaltensweisen, aber sie schicken ihre Figuren überdies in eine verfremdete, unverständlich gewordene Welt.[12]

Eine solche Welt, in der die üblichen Ordnungen außer Kraft und die geltenden nicht zu ergründen sind, ist etwa der Handlungsort des Schauspiels »Der Bus (Das Zeug einer Heiligen)« von 2005. Erika ist auf der Pilgerreise nach Polen in den falschen Bus gestiegen und findet sich, nachdem sie kurzzeitig eingeschlafen war, in der unheimlichen Reisegruppe um den Busfahrer Hermann wieder, »*Mitten in der Nacht. In einem Wald*«.[13] Die fundamentale Fremdheit, mit der die junge Frau und die Reisegesellschaft einander gegenüberstehen, führt zu einer Kette von Situationen des zumeist komischen Nicht- und Missverstehens. Komik als kommunikatives Phänomen, das auf harmlosen Verletzungen von geteilten Regeln beruht, ist dabei nicht nur der Effekt, sondern zugleich das Thema vieler Szenen, über das prägnant zur Anschauung gebracht wird, dass in der Welt des Stücks so etwas wie geteilte Regeln oder andere gemeinsame Bezugspunkte nicht vorhanden sind – so kann der Glaube des einen dem anderen als Witz erscheinen:

ERIKA   Was seht ihr den Splitter im Auge eures Nächsten, aber dem Balken in eurem Auge seht ihr nicht.
HERMANN Soll das ein Witz sein. Klingt irgendwie wie ein moderner Witz.
ERIKA   Es ist kein Witz. Ein Bild eher. Und die Wahrheit.
HERMANN Gefällt mir. Ich mag diese modernen Witze. Ohne Pointe. Kennst du noch mehr davon.[14]

»Der Bus« fragt nach der Bedeutung des Glaubens in der heutigen Gesellschaft, die als verfremdete Welt ins Bild gesetzt ist. Zugleich lässt sich das Stück als dramatische Reflexion über das Komische und seine Grenzen verstehen – auch, weil es immer wieder ausdrücklich von Witz, Komik und Humor handelt, vor allem aber, weil es in vielen Szenen vor Augen führt, wie das Unterhaltsame zum Seltsamen und dieses zum Bedrohlichen zu werden vermag. Hermanns Unverständnis gegenüber der Pilgerreisenden in seinem Bus artikuliert sich mal in amüsant-dämlichen Fehldeutungen, mal in aggressiver Feindseligkeit. Erst als die Ablehnung in Vorbereitungen zu ihrer Tötung kulminiert, kann Erika Hermanns rätselhaftes Verhalten nicht mehr als eigenwillige Form des Scherzens interpretieren, wie es ihr zuvor lange Zeit gelingt:

HERMANN *lacht* (…) Hast Dir aus Angst beinahe in die Hose gemacht.
ERIKA   Sie haben aber auch einen Humor.[15]

3

Auch in Lukas Bärfuss' erzählenden Texten und insbesondere in seinen Romanen kommt dem Topos der verfremdeten Welt grundlegende Bedeutung zu. Anders als in den Dramen zeigt sich das Groteske hier allerdings meist als eine Verwandlung und Verkehrung von Zusammenhängen, die über das Komische und dessen Grenzbereiche hinaus ins Erschreckende oder gar Grauenerregende führt.

Ein eindrückliches Beispiel hierfür ist »Hundert Tage« aus dem Jahr 2008.[16] Bärfuss' Roman handelt von dem jungen Schweizer David Hohl, der in den frühen 1990er Jahren als Entwicklungshelfer nach Ruanda geht und dort Zeuge des Genozids der Hutu an den Tutsi wird – Ereignisse, die er als schreckliche Verkehrung der Welt erfährt. Erscheint ihm Ruanda zunächst als ein »Garten Eden«,[17] stellt er schon nach wenigen Wochen im Land fest, wie er rückblickend berichtet, dass »sich die Dinge in ihr Gegenteil verkehrten und hinter der Maske der Normalität das Ungeheuer sichtbar wurde«.[18] »Hundert Tage« verbindet schockierende Bilder der Ereignisse mit der bitteren Ironie einer Geschichte, deren Hauptfigur dem ›Ungeheuer‹ entgegenzutreten glaubt, es tatsächlich aber ›nährt‹.

Sinnbildlich kommt dies in der Episode des Romans zur Anschauung, die schildert, wie David einen verletzten Bussard vor sadistischen Quälereien durch seinen Gärtner und dessen Neffen rettet: »Ich wollte ihnen zeigen, wie kostbar das Leben war, jedes Leben.«[19] Von der Rettung und anschließenden Pflege des Tieres verspricht er sich einige Wirkung auf den noch jungen Neffen seines Angestellten und so zumindest einen gewissen Einfluss auf die vollkommen aus den Fugen geratenen Entwicklungen: »(I)ndem ich dieses Kind Respekt vor der Kreatur lehrte, würde ich meinen Teil dazu beitragen, der Gewalt ein Ende zu bereiten«.[20] Wie vermessen seine Hoffnungen auf Einflussnahme sind, beginnt David zu ahnen, als Mordbanden aus Kindern und Jugendlichen in seinem Haus Quartier nehmen. Nicht mehr zu übersehen ist es für ihn aber, als er begreift, dass sich der Bussard, den er gerettet, gepflegt und gefüttert hat, nach der Gesundung vom Fleisch der Leichen in den Straßen ernährt hat und so wieder zu Kräften gekommen ist: »Ich bin in den Schuppen gegangen, habe die Machete genommen und ihm mit einem Hieb den Kopf abgeschlagen. Als ich ausholte, blickte er mich verdutzt an, er hatte nicht damit gerechnet. Der Kopf lag schon zu seinen Füßen, aber der Körper zuckte noch eine ganze Minute, schätzungsweise, ich habe nicht auf die Uhr gesehen. Jedenfalls hatte es etwas Komisches, als wollte mir der Körper beweisen, dass er auch ohne Haupt ganz passabel leben könne.«[21]

Eine verstörende Erfahrung des Komischen, wie David sie in dieser Szene macht, gehört zu den wesentlichen Wirkungen auch von Bärfuss' Roman »Hagard« aus dem Jahr 2017. Der Roman provoziert eine solche Erfahrung, indem er, wie es sein Erzähler gleich in den ersten Sätzen treffend festhält, »Bilder der Grausamkeit und der Komik«[22] präsentiert. Die wiederum bis ins Groteske getriebene Verfremdung der Welt, die diese Bilder entstehen lässt, prägt in »Hagard« allerdings nicht allein die Handlung des Romans um den Geschäftsmann Philip, sondern auch deren Vermittlung durch einen eigenwilligen Erzähler, der die Ereignisse zugleich zu berichten und zu erfinden scheint.[23]

Dass Philip im städtischen Feierabendgetümmel flüchtig »zwei pflaumenblaue Ballerinas, zwei scheue Wiesel«[24] wahrnimmt, veranlasst ihn dazu, der Trägerin der Schuhe hinterherzugehen, einer jungen Frau, deren Gesicht er nicht gesehen hat. Die Anmutung durch die Frauenfüße in Ballerinas – eine ästhetische Verfremdung im Alltag – reißt ihn aus den Abläufen seiner Tagesgeschäfte und lässt ihn in eine Art Spiel eintreten, in eines, aus dem er nicht mehr herausfindet.[25] Was als spielerischer Zeitvertreib beginnt, entwickelt sich zu einer besessenen Verfolgung, die Philip in einem zweitägigen »grotesken Slapstick«[26] aus allen Zusammenhängen seines Durchschnittslebens in der modernen Gesellschaft stolpern lässt. Einen Schuh verloren, das Auto abgeschleppt, der Handyakku leer, den Sohn vergessen – so steht er schließlich »alleine, abgeschnitten und getrennt von seiner Wirklichkeit«[27] da, um sich vom Hausdach auf den Balkon und von dort durch das Fenster in die Wohnung der Ballerinaträgerin zu stürzen, von der er noch immer nicht weiß, wie sie aussieht.

»Hagard« geht aber nicht in der Schilderung der grausam-komischen Schritte auf, in denen Philip sich selbst und der Welt abhandenkommt. Bärfuss lässt die Geschichte des Romans von einem Erzähler schildern, der dem »rauschhaften« Verhalten seiner Hauptfigur mit »nüchternem« Unverständnis gegenübersteht und nicht schlau wird aus den Ereignissen, die er zu einer Geschichte zu verknüpften versucht. Die vielfach komischen Kontraste zwischen den Orientierungen des Erzählers und denen der Hauptfigur mögen zunächst die Fremdheit von Philips Verhalten verstärken; im Verlauf der Erzählung lassen sie jedoch deutlich werden, dass die Hauptfigur in ihrer Einseitigkeit genau das verkörpert, was dem Erzähler in seiner Einseitigkeit fehlt. Evident wird dies am Ende des Romans in einer Metalepse, in der Handlungs- und Erzählebene, Hauptfigur und Erzähler von »Hagard« miteinander verschmelzen. Es deutet sich aber schon zuvor in verschiedenen Bemerkungen des Erzählers an, in denen er seine Haltung zur Welt erläutert und so mittelbar auf den Wert von derjenigen Philips verweist: »Ich war mein eigener Zuchtmeister, und da ich gelernt hatte, zu allen Dingen eine gewisse Distanz einzunehmen, zwar vollen Einsatz, aber keine wirkliche Beteiligung zu schenken (…), schmunzelte ich (…) über alles und jedes. In allem war ein Lächeln, das jedes Lachen fernhielt.«[28]

Bärfuss' Werke legen es darauf an, eine Erfahrung des Komischen anzustoßen, die nicht Schmunzeln, sondern Lachen hervorruft, eine Erfahrung, in der Einsicht und Schmerz zusammenkommen. Sie wollen »ins Gelächter führen«, in eines freilich, das ebenso Erlebnis des Augenblicks wie »Arbeit an der Erinnerung« ist, ebenso auf Vergnügen wie auf Erkenntnis verweist.

Um ein solches Gelächter in Gang zu setzen, nutzen die Texte vielfältige Verfahren der Verfremdung und spielerischen Regelverletzung, vor allem aber loten sie mit den Mitteln der Groteske die fließenden Übergänge zwischen Belustigung, Befremden, Erschrecken und Entsetzen aus.

1 Vgl. URL: https://www.deutscheakademie.de/de/auszeichnungen/georg-buechner-preis/lukas-baerfuss/urkundentext. — **2** Lukas Bärfuss: »Verwandlungen. Erste Bamberger Poetikvorlesung«, in: Ders.: »Krieg und Liebe. Essays«, Göttingen 2018, S. 161–172, hier S. 169. — **3** Lukas Bärfuss: »Meienbergs Tod – Die sexuellen Neurosen unserer Eltern – Der Bus. Stücke«, Göttingen 2005, S. 7–69, S. 12 f. — **4** Bertolt Brecht: »Neue Technik der Schauspielkunst«, in: Ders.: »Werke. Große kommentierte Berliner und Frankfurter Ausgabe«, hg. von Werner Hecht, Jan Knopf, Werner Mittenzwei und Klaus Detlef Müller, Bd. 22.2: »Schriften 1933–1942«, Frankfurt/M. 1993, S. 635. — **5** Bärfuss: »Meienbergs Tod«, a. a. O., S. 7. — **6** Ebd., S. 47–49. — **7** Zu den Positionen Brechts und Dürrenmatt vgl. Tom Kindt: »Brecht und die Folgen«, Stuttgart 2018, insbes. S. 102 f. — **8** Bärfuss: »Meienbergs Tod«, a. a. O., S. 68 f. — **9** Lukas Bärfuss: »Zahnschmerzen. Zweite Bamberger Poetikvorlesung«, in: Ders.: »Krieg und Liebe«, a. a. O., S. 173–203, hier S. 193. — **10** Zum Komischen und seiner Bestimmung vgl. Tom Kindt: »Komik«, in: Uwe Wirth (Hg.): »Komik. Grundbegriffe – Zugänge – Mediale Formen. Ein interdisziplinäres Handbuch«, Stuttgart 2017, S. 2–6. — **11** Bärfuss: »Zahnschmerzen«, a. a. O., S. 193. — **12** Vgl. für einen Überblick über diese Tradition der Groteske und ihre Erforschung, die von Michail Bachtin und Wolfgang Kayser wichtige Impulse erhalten hat, den Sammelband Otto F. Best (Hg.): »Das Groteske in der Dichtung«, Darmstadt 1980. — **13** Bärfuss: »Meienbergs Tod – Die sexuellen Neurosen unserer Eltern – Der Bus. Stücke«, a. a. O., S. 129–217, hier S. 133. — **14** Ebd., S. 167. — **15** Ebd., S. 140. — **16** Vgl. zu dem Roman auch den Beitrag von Oliver Lubrich im vorliegenden Heft. — **17** Lukas Bärfuss: »Hundert Tage. Roman«, Göttingen 2008, S. 28. — **18** Ebd., S. 29. — **19** Ebd., S. 138. — **20** Ebd. — **21** Ebd., S. 188. — **22** Lukas Bärfuss: »Hagard. Roman«, Göttingen 2017, S. 7. — **23** Bärfuss spielt hier mit den Widersprüchen, die dadurch entstehen, dass er seinen Erzähler mal als »reporting« und mal als »storytelling narrator« auftreten lässt, vgl. zu dieser Unterscheidung Tilmann Köppe/Tom Kindt: »Erzähltheorie. Eine Einführung«, Stuttgart 2014, S. 96 f. — **24** Bärfuss: »Hagard«, a. a. O., S. 24. — **25** Zum Motiv des »Spiels« vgl. ebd., insbes. S. 46–48. — **26** So die treffende Formulierung Peter von Matts in seiner scharfsinnigen Deutung von »Hagard« im vorliegenden Heft. — **27** Bärfuss: »Hagard«, a. a. O., S. 146. — **28** Ebd., 125.

Oliver Lubrich

Kolonialismus als Metapher

»Ich suche immer das Eigene –
und das finde ich oft nur im Fremden.«
Lukas Bärfuss[1]

»Von wem wurden Sie eigentlich kolonisiert?« Diese Frage stellt ein Lehrer in Kamerun Lukas Bärfuss in dem Essay »Kolonien« (2009), der den Band »Stil und Moral« (2015) eröffnet.[2] Der Schweizer Autor nimmt diese Frage zum Anlass, ›koloniale Blicke‹ auf sein eigenes Land zu werfen: mit Goethe, Napoleon und Mary Shelley, die dort vor allem Natur sahen und die ›Eingeborenen‹ unzivilisiert fanden und damit auch deren Selbstbild beeinflussten. Kamerun ist jedoch nur der Ausgangspunkt. Es geht nicht um dessen Kolonialgeschichte und nicht um wirkliche »Kolonien«. Das Gespräch mit dem Afrikaner bildet lediglich den Prolog. Dann wird das Motiv des Kolonialismus selbstbezüglich gewendet. Es eröffnet einen kritischen Blick auf die Schweiz.

Dies ist eine Linie im Werk von Lukas Bärfuss: die Auseinandersetzung mit dem Kolonialismus, in der dieser zur Metapher für Schweizer Probleme wird – im Roman »Hundert Tage« (2008) für die Kollaboration mit Diktaturen, im Roman »Koala« (2014) für die kapitalistische Leistungsethik und Ausbeutung, im Theaterstück »Öl« (2009) für Selbstsucht und Gier als Triebkräfte einer Ehekrise.

1 Afrika

Dass bereits Bärfuss' erster Roman »Hundert Tage«[3] mindestens ebenso viel mit der exotischen Ferne wie mit der provinziellen Nähe zu tun hat, deutet sich subtil in der erzählerischen Konstruktion an – offenbar zu subtil, denn der Hinweis ist leicht zu übersehen. Der Text beginnt als Ich-Erzählung eines früheren Mitschülers, der den Protagonisten im Schweizer Jura besucht, um von dessen Erfahrungen in Ruanda zu hören. »Sieht so ein gebrochener Mann aus, frage ich mich, als ich ihm gegenübersitze und draußen der Schnee einsetzt (…).«[4] Allmählich geht diese Rahmenerzählung des namenlosen Schulfreundes dann in die Binnenerzählung des Afrika-Heimkehrers David Hohl über. Sein Bericht setzt ebenfalls in der ersten

Person ein (»Ich habe an das Gute geglaubt«[5]), ohne dass er mit Anführungszeichen markiert wäre, sodass beide Erzählerstimmen einander überlagern. (»Er (...) sagt, so sicher war das für mich nicht.«[6]) Vorübergehend wird die Erzählung des einen vom anderen in der dritten Person und im Konjunktiv II wiedergegeben. (»Er sei einige Jahre durch das Land vagabundiert, hat er mir erzählt«.[7]) Diese Wechselrede der beiden Erzähler hat Bärfuss zunächst in recht dichter Frequenz mit Inquit-Formeln und szenischen Schilderungen als Dialog arrangiert (»ich frage ihn«[8], »wage ich einzuwenden«[9], »fährt David fort«[10], »meint David«[11], »verstummt David«[12], »sagt David und steht auf«[13], »Er steht auf«[14], »ich sehe«[15], »er beteuert«[16], »Ich hätte erwartet«[17], »ich frage mich«[18]). Der Bericht von Ruanda wird so durch Kommentare oder Erinnerungen des Rahmenerzählers unterbrochen (»ich erinnere mich«, »wie David und ich (...)«[19]) oder durch Anreden auf den Zuhörer bezogen (»erinnerst du dich«[20], »nicht wahr«[21]). Diese Merkmale des Dialogs hören dann jedoch auf,[22] und sie werden am Ende des Romans nicht wieder aufgenommen. Die Erzählung hat extradiegetisch begonnen und hört intradiegetisch auf. Der Rahmen wird geöffnet, aber nicht geschlossen. Der Ich-Erzähler verschwindet. Oder genauer gesagt: Er wird von einem anderen Ich-Erzähler abgelöst.

Diese erzählerische Konzeption ist umso erklärungsbedürftiger, als sie sich von jenem Text unterscheidet, an dem sich »Hundert Tage« im Übrigen weitgehend orientiert: Joseph Conrads »Heart of Darkness« (1899).[23] Erzählt wird jeweils von einem Europäer, der nach Afrika reist, um dort Zeuge einer Gewalt zu werden, die ihn nicht nur bedroht, sondern auch befällt.[24] Die Reise führt in einem doppelten Sinn in ein ›Herz der Finsternis‹: in den *dark continent* und in die eigenen Abgründe. Aber Conrad hat seine Rahmenerzählung am Ende wieder aufgenommen und abgerundet: »Marlow ceased«.[25] Das letzte Wort hat hier der Rahmenerzähler. Bei Bärfuss nicht. Wie ist diese Abweichung zu erklären, die uns vom literarischen Modell entfernt, die Leser verwirrt und in der Forschung als »Formfehler« bewertet wurde?[26]

Ein Vorbild für das Verfahren der aufgegebenen Rahmenerzählung fand Lukas Bärfuss bei Gustave Flaubert in »Madame Bovary« (1856, 1857).[27] Hier ist die Erzählsituation analog: Als Ich-Erzähler spricht zunächst – im ersten Wort, in der ersten Person Plural – ein Schulfreund des Protagonisten. Zu Beginn des Romans schildert er, wie Charles Bovary als neuer Mitschüler in die Klasse aufgenommen wird. Der Anfang des Romans lautet: »Nous étions à l'Étude, quand le proviseur entra, suivi d'un *nouveau* habillé en bourgeois (...).«[28] Aber in der Folge verschwindet dieser Erzähler dann einfach, und am Ende taucht er nicht wieder auf.

Warum folgt ein Roman, der von Ruanda handelt, nicht auch narratologisch einem einschlägigen Muster? Warum orientiert er sich formal nicht an »Heart of Darkness«, sondern an »Madame Bovary«? Warum funktioniert er nach einem Vorbild, das von Afrika und vom Kolonialismus denkbar weit entfernt ist und dessen Untertitel lautet: »*Mœurs de province*«? Eben weil es hier offenbar nicht so sehr oder nicht vor allem um die exotische Ferne gehen soll, sondern um die provinzielle Nähe, weniger um das ›Fremde‹ als vielmehr um das ›Eigene‹, nämlich um das Begehren, die Fantasien und die Projektionen eines Schweizers vom Land, der darin Flauberts Heldin ganz ähnlich ist. *David Hohl, c'est moi.*

Dabei handelt »Hundert Tage« vordergründig durchaus von Ruanda und vom Kolonialismus, von dessen Geschichte und dessen Nachwirkungen im Jahr 1994. Abgesehen von den ersten Seiten, welche die Erzählsituation exponieren und die Anreise schildern, und von der letzten, die zurück in die Schweiz führt, spielt der gesamte Roman in Afrika. Bärfuss schildert, wie der Held in Kigali seine Stelle als Entwicklungshelfer antritt, wie er eine Beziehung mit einer Ruanderin anfängt, wie er ausharrt, als der Bürgerkrieg beginnt und hundert Tage lang der Völkermord tobt, und wie er schließlich entkommt.

Dabei ist immer wieder von der Schweiz die Rede. Ruanda sei ihr überraschend »ähnlich«,[29] man nenne es »die Schweiz Afrikas«.[30] Oder ist nicht auch umgekehrt die Schweiz »das Ruanda Europas«?[31] Da er aus einem Land stammt, das nie Kolonien besaß, glaubt Hohl zunächst: »als Schweizer habe ich mit dem Kolonialismus nichts zu tun«.[32] Doch er muss bald erkennen, wie sich sein Land in Ruanda neokolonial schuldig macht. Ohne die selbstgerechte Entwicklungshilfe der Schweizer »Direktion«, behauptet er, wäre der Völkermord gar nicht möglich gewesen: »weil es keinen besseren Beweis für unsere Redlichkeit gab (…), deshalb gaben wir ihnen den Bleistift, mit dem sie dann die Todeslisten schrieben, deshalb legten wir ihnen die Telefonleitung, durch die sie den Mordbefehl erteilten, und deshalb bauten wir ihnen die Straßen, auf denen die Mörder zu ihren Opfern fuhren.«[33] Das Gleiche gilt für den Rundfunk, der mit Schweizer Hilfe aufgebaut wurde und nun Hasspropaganda sendet.[34] Wenn »das Radio zu einem Mordinstrument« wird, hat David Hohl das Gefühl, »einem sehr erfolgreichen Projekt der Direktion zu lauschen«.[35]

Als »Räderwerk« mit geräuschlosen »Zahnrädchen«[36] assoziiert die genozidale Gesellschaft das sprichwörtliche Schweizer ›Uhrwerk‹. »Schließlich waren wir es gewesen, die ihnen die Verwaltung beigebracht hatten, das Wissen, wie man eine Sache von dieser Größe angeht«[37]. »Sie haben die Lektion umgesetzt (…), sie erledigten die Aufgabe, wie wir es ihnen gezeigt hatten (…). Hätten sie sich nicht an unsere Vorgaben gehalten, so hätten sie keine achthunderttausend Menschen umbringen können, nicht in hundert Tagen.«[38]

Die Kritik an der Kollaboration mit der Diktatur richtet sich jedoch nur vordergründig auf die Politik der Schweiz in Afrika. Was hinter ihr durchscheint, in vielen Details, ist die Kollaboration mit Nazi-Deutschland –

die Art und Weise, wie »unsere Väter und Großväter unser Heimatland durch den Krieg gebracht hatten«.[39] Denn den Schweizer erinnern die Ruander, als »afrikanische Preußen«,[40] an Deutsche. Die wichtigsten Faktoren, die in Ruanda und in Nazi-Deutschland zum Völkermord führten, scheinen analog: ein pseudo-biologischer Rassismus (»eine Kakerlake kann keinen Schmetterling gebären«[41]), eine exterminatorische Propaganda, die sich einer zoologischen Bildsprache bedient (»*Kakerlaken*«[42]), eine infektiöse Dynamik (»mit dem Bazillus infiziert«[43]) und massenpsychologischer Exzess (»erregende Macht«[44]); vor allem aber die Systematik des Genozids, seine bürokratische Umsetzung, mit Hilfe »jene(r) Tugenden, die man die sekundären nennt«.[45] Die Täter berufen sich auf ›Befehlsnotstand‹.[46] Ausgerechnet der zwielichtige Lebemann Missland hingegen rettet mit »einunddreißig Flugscheine(n)«[47] ebenso viele Menschenleben und wird gleichsam zu einem afrikanischen Oskar Schindler.

Als »Jahrhundertverbrechen«[48], »das größte Blutbad seit 1945«[49], wird der ruandische Genozid direkt mit der Shoa verglichen. Es fällt nicht von ungefähr das Wort »Lager«[50]. Und das Flüchtlingslager wird sogar tatsächlich zu einem Todeslager.

Das zynische Fazit, das David Hohl am Ende seiner Erzählung zieht, könnte kaum drastischer und ausdrücklicher ausfallen: »Unser Glück war immer, dass bei jedem Verbrechen, an dem je ein Schweizer beteiligt war, ein noch größerer Schurke seine Finger im Spiel hatte, der alle Aufmerksamkeit auf sich zog und hinter dem wir uns verstecken konnten. Nein, wir gehören nicht zu denen, die Blutbäder anrichten. Das tun andere. Wir schwimmen darin. Und wir wissen genau, wie man sich bewegen muss, um obenauf zu bleiben und nicht in der roten Soße unterzugehen.«[51] Das sei, schrieb Paul Michael Lützeler, »wohl die schärfste Selbstkritik, die einer Schweizer Romanfigur je in den Mund gelegt wurde«.[52]

Die »rote Soße«, die hier am Schluss angesprochen wird, verweist zurück auf den Anfang, als David Hohl mit seinem Schulfreund im Jura »Eingeweide an einer roten Soße«[53] aß. Dabei bildet das Rot des Blutes jeweils einen Kontrast zur umgebenden Landschaft im »Schnee« (auf der ersten und auf der letzten Seite[54]). Beide Farben zusammen entsprechen den »Schweizer Kreuzen«[55] der Landesflagge. Dabei ist »ein weißes Kreuz auf rotem Grund«,[56] wie Hohl bemerkt, gerade »kein rotes Kreuz auf weißem Grund«,[57] das heißt die Politik der Schweiz wäre das genaue Gegenteil humanitärer Hilfe.[58]

Sogar das literarische Muster der Liebesbeziehung in »Hundert Tage« ist ein helvetisches. Die Beziehung zwischen dem Schweizer, David, und der Einheimischen, Agathe, entspricht nicht bloß allgemein dem Topos vom Europäer und der schönen Fremden, sondern ganz konkret der unheilvollen »Verlobung in St. Domingo« zwischen Gustav von der Ried und Toni bei

Kleist. Und auch diese Geschichte führt schließlich auch buchstäblich zurück in die Schweiz. Hier wird den beiden am Ende nicht in Haiti, sondern »in der Gegend des Rigi« ein »Denkmal« gesetzt.[59]

2 Australien

Lukas Bärfuss' zweiter Roman hat eine noch ungewöhnlichere Komposition, auch wenn die Rahmenerzählung hier am Ende geschlossen wird.[60] »Koala« wechselt mehrfach die Genres: vom autobiografischen Roman (der vom Selbstmord des Bruders handelt) zum Epos (das die Kolonisierung Australiens erzählt, nach historischen Quellen, zum Teil aber auch magisch-realistisch), zum Sachbuch (von der Erd-, Evolutions- und Naturgeschichte des Landes bzw. des titelgebenden Tieres) und schließlich zum philosophischen Essay (über Leben und Tod, Arbeit und Angst).

Der Roman beginnt, wie »Hundert Tage«, ebenfalls in der Schweizer Provinz, dieses Mal nicht im Jura, sondern in Thun. Von dort führt er nach Australien, in die Geschichte der Kolonisierung, die den Koala beinahe ausgerottet hätte. Die Verbindung, so scheint es, könnte gesuchter nicht sein: von einem Selbstmord im Kanton Bern zu einer vom Aussterben bedrohten Spezies auf der anderen Seite der Erde. Die Verbindung wird assoziativ hergestellt, über den Namen »Koala«. Dieser Spitzname, der Pfadfindername des verstorbenen Bruders, führt zur Geschichte des Tieres, des australischen Beutelbären, und zwar nach der Logik der Substitution, der Übertragung, der Metaphorisierung. Denn der Koala scheint »Koala« charakterlich zu entsprechen: in seiner Genügsamkeit, in der Verweigerung gegen Geschwindigkeit und Leistungsprinzip. Der Name des Tieres, so der Erzähler, sei zum »Totem«[61] des Bruders geworden. Dieser Begriff wiederum führt, mit Freud, zu einem weiteren, der indes nicht ausgesprochen wird: »Totem und Tabu«. Wo ist das Tabu? Wo ist die Leerstelle, die »Koala« umkreist?

Was im Roman nicht gesagt, nicht erzählt werden kann, ist die Lebensgeschichte des Bruders, die zu seinem Selbstmord führte. Anstelle dieser Lebensgeschichte in Thun erzählt »Koala« die Geschichte der gleichnamigen Art in Australien. Der Koala wird so zur Metapher für den Menschen, der seinen Namen trägt. Und er wird zu einer Metapher der Existenz, die auf die Schweiz zu beziehen ist: auf die calvinistische Leistungsethik, der sich der Koala zu entziehen scheint, an der »Koala« aber zerbrochen ist. Das ›Wunder‹, dass das bedrohte Tier trotz seiner Trägheit doch überleben konnte, führt nicht nur zur Frage, warum »Koala« sich das Leben nahm, sondern auch zur Frage des Selbstmörders an die Überlebenden in der Schweiz, über die der Hinterbliebene nachdenken muss: »Warum seid ihr noch am Leben?«[62]

3 Asien

Das Theaterstück »Öl«[63] spielt in keiner bestimmten historischen Situation, sondern in einem fiktiven Land – beziehungsweise in mehreren fiktionalisierten Ländern zugleich. Nach dem Verzeichnis der »Personen« wird unter der Rubrik »Ort« der Schauplatz benannt: »am Rande der Stadt Beryok«, »wo genau, weiß nur der Teufel«.[64]

Im Programmheft der Uraufführung erklärt Lukas Bärfuss den *Collage*-Charakter, die *Passepartout*-Funktion dieses Ortes: »Beryok ist überall dort, wo eine internationale Ölschickeria ihre Interessen durchdrückt, eine korrupte Elite davon profitiert und die Mehrzahl der Menschen nicht nur leer ausgehen, sondern darunter leiden – in Nigeria, in Venezuela, in Saudi-Arabien, in Kasachstan ...«[65] Der Name des Ortes wirkt in seiner Exotik umso beliebiger, verbindet man ihn mit den weiteren Vokabeln der nicht-europäischen Landessprache, die im Text vorkommen. Die Hausangestellte heißt »Gomua«, das Blumenfest »Baliman«.[66] »Wer Sie sind«, bedeutet »Bar i to wan«.[67] Geografische Zeichen deuten auf Nord-, Zentral- oder Süd-Asien: In der »Taiga«[68] leben »Rentiere«[69] (und »Rentierfresser«[70]), es ist aber auch von »Schakal(en)«[71], »Wiesel(n)«[72] und »Nashörnern«[73] die Rede. Auf jeden Fall geht es, wo auch immer, um »Öl für die Städte des Westens«.[74]

Bereits das Epigraph der Buchausgabe verweist in eine exotische Fremde und auf die Geschichte ihrer europäischen Fantasien, wie man sie auf frühen Weltkarten eintrug: »*Hic sunt leones*«.[75] Das heißt: Wo die Kenntnisse ungenau werden, werden sie durch Projektionen ersetzt, von Wildnis und Bestien. Und noch das *Finis* deutet auf eine Praxis des Kolonialismus, nämlich auf den Abbau von Bodenschätzen: »Fin de la bobine.«[76] Es ist das Ende der Filmrolle oder der Seilwinde, wie man sie in der Bühnentechnik oder im Bergbau verwendet.

Das Drama beginnt dann auch hochgradig selbstreferenziell. Die Figuren nehmen Bezug auf das – europäische – Publikum. (»Es ist zu dunkel. Da. Da sind Leute. [...] Sie schweigen. Und sie scheinen etwas zu betrachten.«[77]) Damit verweisen sie nicht nur auf ihre eigene Theatralität, sondern auch auf die der inszenierten Kolonialfantasien, die das Stück vorstellen wird. Es fehlen dabei grundsätzlich die Fragezeichen. Und der Text spielt auch diskret darauf an: »Es kann unter Umständen wichtig sein, dass man eine Frage als Frage erkennt.«[78] Was also ist die Frage, die man in »Öl« erkennen kann? Womöglich die, auf welche Frage das koloniale Szenario, das dieses Stück vorführt, eigentlich die Antwort gibt, das heißt für welches Problem es die Metapher ist.

Wie in »Hundert Tage« und in »Koala« befinden wir uns auch in »Öl« in einer post- oder neokolonialen Situation. Wahrscheinlich handelt es sich, wie verschiedene Andeutungen im Text nahelegen, um eine frühere Kolonie, auf jeden Fall aber um ein Land, das Gegenstand gegenwärtiger Ausbeutung ist. Beryok hatte nacheinander unter mehreren westlichen Großmächten zu leiden: »Amerikaner, Engländer, Franzosen. Alle sind sie drüber.«[79] Die Rede ist vage von den »Folgen des Imperialismus«.[80] »Dieses Land hast du abgebrannt, vergiftet«,[81] muss sich die Frau des Ölsuchers vorwerfen lassen.

Was die westlichen Figuren, europäische, deutschsprachige *expats*, naheliegenderweise wohl Schweizer, über das fremde Land und seine Menschen äußern, ist die Karikatur eines kolonialen Diskurses. »Zivilisation«[82] und »Barbarei«[83] bilden eine stereotype Opposition, das »Abendland«[84] begegnet der »Fremdheit«[85] in schlichtem Gegensatz. Die Europäer unterscheiden entsprechend pauschal »(s)ie« von »uns«.[86] Das fremde Land finden sie naturhaft (»Landesnatur«[87], »Wildnis«[88]), unzivilisiert (»alles ist schmutzig«[89]), politisch verkommen (»Korruption«[90]). »Dieses Land wird vom Geheimdienst regiert.«[91] Über arme »Nomaden« herrscht eine »korrupte Elite«.[92] Den »Aberglaube(n)«[93] bezeichnet sogar die Eingeborene (Gomua) als solchen.

Und auch hier wird das »Heart of Darkness«-Motiv bedient, dass die ›barbarische‹ Fremde den ›zivilisierten‹ Besucher selbst affiziert: »aus dir wird Beryok nicht verschwinden«.[94] Die eigentliche ›Barbarei‹, die »Öl« ausstellt, ist die seiner europäischen Protagonisten: ihre Selbstsucht und ihre Gier, die sich in einer Ehekrise entladen.

Bärfuss' Texte sind *post*kolonial in einem doppelten Sinn. Sie kritisieren den Kolonialismus von einem Standpunkt nach dessen vermeintlichem Ende. Und sie gehen über ihn hinaus, indem sie ihn zu einer Metapher machen: zu einer Metapher des Eigenen, denn es geht letztlich stets um die Schweiz. Bärfuss' Kolonialgeschichten, »Hundert Tage«, »Koala« und »Öl«, sind so auf zwei Ebenen lesbar: im buchstäblichen und im übertragenen Sinn. Sie handeln einerseits, genau recherchiert und detailreich geschildert, von Afrika, Australien und Asien. Zugleich aber werden sie allegorisch, denn der Kolonialismus dient jeweils dazu, eigentlich europäische (schweizerische) Probleme zu verhandeln.

Mit diesem Verfahren, den Kolonialismus zugleich zum Gegenstand und zur Metapher zu machen, werfen Bärfuss' Texte eine Frage auf, die in das Zentrum des postkolonialen Diskurses führt: Kann auch eine hochreflektierte Literatur, die sich aus europäischer Sicht mit dem Kolonialismus befasst, einer eurozentrischen (oder helvetozentrischen) Projektion nicht entkommen? Dient das Fremde auch in selbstkritischer Absicht letztlich doch vor allem der Selbstreflexion? Oder gehört diese Selbstreflexion ebenso wie zum kolonialen Projekt auch zur postkolonialen Kritik?

1 Sonja Anders: »Wir schauen zu. Ein Gespräch mit Lukas Bärfuss«, in: »Öl, Programmheft der Uraufführung«, Berlin 2009, S. 51–61, hier S. 53. — 2 Lukas Bärfuss: »Kolonien«, in: Ders.: »Stil und Moral. Essays«, Göttingen 2015, S. 7–9, hier S. 7. (»Et vous, alors, vous avez été colonisé par qui?«). — 3 Lukas Bärfuss: »Hundert Tage. Roman«, Göttingen 2008. — 4 Ebd., S. 5. — 5 Ebd., S. 7. — 6 Ebd. — 7 Ebd., S. 9. — 8 Ebd., S. 7. — 9 Ebd. — 10 Ebd., S. 13. — 11 Ebd., S. 9. — 12 Ebd., S. 10. — 13 Ebd., S. 12. — 14 Ebd., S. 13. — 15 Ebd. — 16 Ebd. — 17 Ebd. — 18 Ebd. — 19 Ebd., S. 12 f. — 20 Ebd., S. 11. — 21 Ebd., S. 12. — 22 Vgl. Ebd., S. 13. — 23 Joseph Conrad: »Heart of Darkness«, hg. von Paul O'Prey, London 1985. — 24 Vgl. Matthias N. Lorenz: »Distant Kinship – Entfernte Verwandtschaft. Joseph Conrads ›Heart of Darkness‹ in der deutschen Literatur von Kafka bis Kracht«, Stuttgart 2017, S. 440–472. — 25 Conrad: »Heart of Darkness«, a. a. O., S. 121. — 26 Paul Michael Lützeler: »Ruanda I: Lukas Bärfuss, ›Hundert Tage‹ (2008). Negativer Entwicklungsroman und fatale Entwicklungshilfe«, in: Ders.: »Bürgerkrieg global. Menschenrechtsethos und deutschsprachiger Gegenwartsroman«, Paderborn 2009, S. 101–125, hier S. 115–116; vgl. Helmut Böttiger: »Afrika, der tierhafte Abgrund. ›Hundert Tage‹: Lukas Bärfuss' Roman über den Bürgerkrieg in Ruanda«, in: »Süddeutsche Zeitung«, 30.4.2008, S. 14 (»formal zu wenig durchdacht«). — 27 So Lukas Bärfuss in einem Gespräch in Bern am 13. Dezember 2016. — 28 Gustave Flaubert: »Madame Bovary. Mœurs de province«, Paris 1857, S. 1. — 29 Bärfuss: »Hundert Tage«, a. a. O., S. 51 — 30 Ebd., S. 168. — 31 Ebd., S. 169. — 32 Ebd., S. 126. — 33 Ebd., S. 134. — 34 Vgl. Ebd., S. 115 ff. — 35 Ebd., S. 119. — 36 Ebd., S. 169. — 37 Ebd., S. 14. — 38 Ebd., S. 170. — 39 Ebd., S. 101. — 40 Ebd., S. 50 — 41 Ebd., S. 127. — 42 Ebd., S. 89. — 43 Ebd., S. 88. — 44 Ebd., S. 59. — 45 Ebd., S. 121. Der Begriff erinnert an Oskar Lafontaines polemischen Satz über »Sekundärtugenden«: »Damit kann man auch ein KZ betreiben.« (»Stern«, 15.7.1982.). — 46 Vgl. Bärfuss: »Hundert Tage«, a. a. O., S. 181. — 47 Ebd., S. 145. — 48 Ebd., S. 6. — 49 Ebd., S. 185. — 50 Ebd., S. 186. — 51 Ebd., S. 197. — 52 Lützeler, a. a. O., S. 125. — 53 Bärfuss: »Hundert Tage«, a. a. O., S. 13. — 54 Vgl. Ebd., S. 5, 197. — 55 Ebd., S. 24. — 56 Ebd., S. 185. — 57 Ebd., S. 186. — 58 Zur Rezeption von »Hundert Tage« vgl. Volker Hage: »Die Blutbäder der anderen. Lukas Bärfuss: ›Hundert Tage‹ (2008)«, in: Ders.: »Letzte Tänze, erste Schritte. Deutsche Literatur der Gegenwart«, München 2010, S. 315–320; Alexander Honold: »Ruanda, Trinidad und Co. Koloniale Verstrickungen und postkoloniale Aufbrüche in der Schweizer Gegenwartsliteratur«, in: Patricia Purtschert / Barbara Lüthi / Francesca Falk (Hg.): »Postkoloniale Schweiz. Formen und Folgen eines Kolonialismus ohne Kolonien«, Bielefeld 2012, S. 132–155; Annette König: »Politische Internationalisierung bei Lukas Bärfuss – ›Hundert Tage‹«, in: Dies.: »Welt schreiben. Globalisierungstendenzen in der deutschsprachigen Gegenwartsliteratur aus der Schweiz«, Bielefeld 2013, S. 162–168; Andrea Leskovec: »Fremdheit und Fremderfahrung im Roman ›Hundert Tage‹ von Lukas Bärfuss«, in: »Text & Kontext« 34 (2012), S. 167–187; Inez Müller: »Armut und Eskalation von Gewalt auf dem afrikanischen Kontinent. ›Hundert Tage‹ von Lukas Bärfuss und ›Ein Zimmer im Haus des Krieges‹ von Christoph Peters«, in: Martin Hellström / Edgar Platen (Hg.): »Armut. Zur Darstellung von Zeitgeschichte in deutschsprachiger Gegenwartsliteratur«, München 2012, S. 64–81; Daniela Roth: »Das ›Othering‹ des Genozids. Erzählerische Darstellung des Völkermords in Lukas Bärfuss' ›Hundert Tage‹ und Rainer Wocheles ›Der General und der Clown‹«, in: Andrea Bartl / Annika Klinge (Hg.): »Transitkunst. Studien zur Literatur 1890–2010«, Bamberg 2012, S. 543–571; Roland Schmiedel: »Lukas Bärfuss ›Hundert Tage‹«, in: Ders.: »Schreiben über Afrika: Koloniale Konstruktionen«, Frankfurt/M. 2015, S. 127–164; Herbert Uerlings: »Postkolonialismus ohne Kolonisierte? – Lukas Bärfuss' ›Hundert Tage‹ und die Täterschaft im Genozid«, in: »Acta Germanica« 43 (2015), S. 53–66; Gonçalo Vilas-Boas: »Afrika als Schauplatz im Neuen Schweizer Roman: Lukas Bärfuss' ›Hundert Tage‹«, in: Ders. / Teresa Martins de Oliveira (Hg.): »Macht in der Deutschschweizer Literatur«, Berlin 2012, S. 381–394; Rezensionen: Verena Auffermann: »Krieg und Liebe in Kigali. Der Schweizer Lukas Bärfuss betreibt in seinem Roman ›Hundert Tage‹ Politik- und Nestbeschmutzung«, in: »Die Zeit«, 13.3.2008, S. 15; Helmut Böttiger: »Afrika, der tierhafte Abgrund. ›Hundert Tage‹: Lukas

Bärfuss' Roman über den Bürgerkrieg in Ruanda«, in: »Süddeutsche Zeitung«, 30.4.2008, S. 14; Roman Bucheli: »Das Dilemma der guten Absicht. ›Hundert Tage‹ – Lukas Bärfuss' klug-aufwühlender Roman über ein Leben in Widersprüchen«, in: »Neue Zürcher Zeitung«, 12./13.4.2008, S. B5; Tobias Rüther: »Mach dein Kreuz, und fahr zur Hölle. ›Hundert Tage‹ in Ruanda«, in: »Frankfurter Allgemeine Zeitung«, 12.4.2008, S. 7. — **59** Heinrich von Kleist: »Die Verlobung in St. Domingo«, in: Ders.: »Sämtliche Werke und Briefe in vier Bänden«, hg. von Ilse-Marie Barth, Klaus Müller-Salget, Stefan Ormanns und Hinrich C. Seeba, Bd. 3: »Erzählungen, Anekdoten, Gedichte, Schriften«, hg. von Klaus Müller-Salget, Frankfurt/M. 1990, S. 222–260 (Kommentar: S. 826–855), hier S. 260. Vgl. Jan Süselbeck: »Der erfrischende Machetenhieb: Zur literarischen Darstellung des Genozids in Ruanda, am Beispiel des Romans ›Hundert Tage‹ von Lukas Bärfuss (2008)«, in: Ders.: »Im Angesicht der Grausamkeit. Emotionale Effekte literarischer und audiovisueller Kriegsdarstellungen vom 19. bis zum 21. Jahrhundert«, Göttingen 2013, S. 378–403; »Daumen im Schnabel. In seinem Genozid-Roman ›Hundert Tage‹ demaskiert Lukas Bärfuss die Schweizer Entwicklungshilfe in Ruanda«, in: »Jungle World« 27, 3.7.2008; »literaturkritik.de«, 17.7.2008, https://literaturkritik.de/id/12135. — **60** Lukas Bärfuss: »Koala. Roman«, Göttingen 2014. — **61** Ebd., S. 18 — **62** Ebd., S. 170. Zur Rezeption von »Koala« vgl. Jens Bisky: »Von einem Tier, das mit Gefahren nicht rechnete. Der Schweizer Autor Lukas Bärfuss fragt, was seinen Bruder am Leben hinderte – und findet eine Antwort in der Geschichte des Beutelsäugers Koala«, in: »Süddeutsche Zeitung«, 24.4.2014, S. 12; Roman Bucheli: »Ein Requiem, gründlich erklärt. Lukas Bärfuss denkt in seinem neuen Roman ›Koala‹ über den Selbstmord seines Bruders nach«, in: »Neue Zürcher Zeitung«, 6.3.2014, S. 50; Martin Ebel: »Ach, dass wir wie die Beutelbären wären. ›Koala‹, der neue Roman von Lukas Bärfuss, schlägt einen weiten Bogen: vom Suizid des Bruders über die Besiedlung Australiens bis hin zur Frage, was das richtige Leben ist«, in: »Der Bund«, 5.3.2014, S. 29; Regula Freuler: »Mit dem Nichts versöhnt. Der Schweizer Dramatiker und Romancier Lukas Bärfuss schreibt in ›Koala‹ über den Tod seines Bruders – und gräbt dabei tief in seelische und historische Abgründe«, in: »NZZ am Sonntag«, 2.3.2014, S. 71; Ina Hartwig: »Arbeit verweigert. Lukas Bärfuss auf den Spuren eines Selbstmörders«, in: »Die Zeit«, 13.3.2014, S. 19; Alexander Košenina: »Vorsicht vor giftigen Eukalyptusblättern. Wer über das eigene Leben verfügt: Im neuen Roman von Lukas Bärfuss ergründet ein Mann den Tod seines Bruders«, in: »Frankfurter Allgemeine Zeitung«, 29.3.2014, S. 13. — **63** Lukas Bärfuss: »Öl. Schauspiel«, Göttingen 2009. — **64** Ebd. S. 6. — **65** »Wir schauen zu«, a.a.O., S. 59. — **66** Bärfuss: »Öl«, a.a.O. S. 19. — **67** Ebd., 43,44. — **68** Ebd., 28. — **69** Ebd., 28. — **70** Ebd., 61. — **71** Ebd., 30. — **72** Ebd., 11. — **73** Ebd., 19. — **74** Ebd., 53. — **75** Ebd., 5. — **76** Ebd., 67. — **77** Ebd., 9. — **78** Ebd., 40. — **79** Ebd., 25. — **80** Ebd., 17. — **81** Ebd., 52. — **82** Ebd., 24. — **83** Ebd., 24, 17. — **84** Ebd., 60. — **85** Ebd., 59. — **86** Ebd., 31. — **87** Ebd., 15. — **88** Ebd., 24. — **89** Ebd., 31. — **90** Ebd., 17. — **91** Ebd., 15. — **92** Ebd., 25. — **93** Ebd., 41. — **94** Ebd., 33. Zur Rezeption von »Öl« vgl. Julia Encke: »Die Frauen in den gekühlten Mausoleen. Lukas Bärfuss' Drama »Öl« mit Nina Hoss im Deutschen Theater Berlin«, in: »Frankfurter Allgemeine Sonntagszeitung«, 20.9.2009, S. 20; Anne-Sophie Gomez: »Le temps suspendu: fil, bobine, écheveau – un parcours à travers quelques pièces de Lukas Bärfuss«, in: »Germanica« 54 (2014), 159–174.

Victor Lindblom

Ist es wirklich so schlimm?
Zur Fiktionalität und Erzählkonzeption von Lukas Bärfuss' »Koala«

Als »Koala« erschien, war sich die Literaturkritik nicht einig, womit sie es zu tun hat. Lukas Bärfuss habe keinen Roman geschrieben, hieß es etwa. Die Gattungsangabe sei ein »verkaufstechnischer Notgriff«. Eigentlich handle es sich um ein »Sachbuch«.[1] Auch als »Essay«, der »als Roman verkauft werden« solle, wurde das Werk bezeichnet.[2] Andere behandelten »Koala« wie jeden Roman: »Das Buch berichtet von einem Mann, der wie Bärfuss aus Thun nahe Bern stammt und durch den Selbstmord seines Bruders in eine lange, tiefe Grübelei gerät.«[3]

Spricht also ein namenloser Ich-Erzähler nur für sich selbst? Oder meint Lukas Bärfuss sich, wenn er »Ich« schreibt? Manche hielten sich an etablierte Konventionen: »Er, das ist der Bruder des Erzählers im neuen Roman des Schweizers Lukas Bärfuss.«[4] Für andere war die Identität von Autor und Erzähler zu offensichtlich: »Die Nachricht vom Freitod seines Bruders zwingt Lukas Bärfuss (…) in einen ›Mahlgang der Gedanken‹.«[5]

Die Reaktionen aus dem Feuilleton legen unter anderem nahe, dass der Fiktionalitätsstatus von »Koala« nicht eindeutig ist. Die Uneinigkeit beschränkt sich jedoch nicht auf die frühen Literaturkritiken. Auch in der literaturwissenschaftlichen Forschung sind die Analysen und Interpretationen von »Koala« wesentlich von der jeweiligen Klassifizierung beeinflusst.[6]

Im Folgenden möchte ich zunächst zeigen, welche Merkmale dafür verantwortlich sind, dass es zu Unklarheiten bezüglich des Fiktionalitätsstatus von »Koala« kommen kann. Basierend auf diesen Beobachtungen und einem kurzen fiktionstheoretischen Exkurs zum Verhältnis von Fiktionalität und Wahrheit mache ich einen Vorschlag zur Klassifizierung und skizziere eine existenzphilosophische Interpretation von »Koala«.

1 Signale

Das wohl stärkste Nichtfiktionssignal überhaupt ist Wahrheit.[7] Würden in »Koala« nicht derart viele offensichtlich wahre Sätze stehen, hätte es zu keiner Unklarheit über den Fiktionalitätsstatus kommen können. Hätte Bärfuss keinen Bruder gehabt, der sich das Leben genommen hat, wäre kein Kritiker auf die Idee gekommen, den Text autobiografisch zu lesen. Und hätte Bärfuss die Geschichte des Koalas und Australiens nicht, wie er sagt, »minutiös recherchiert«,[8] hätte niemand gesagt, »Koala« sei ein Sachbuch.[9] Dazu konnte es nur kommen, weil die erzählten Ereignisse mehrheitlich nicht erfunden zu sein scheinen, sondern erlebt oder recherchiert. Wahrheitsgemäßes Berichten in diesem Sinne ist mindestens untypisch für fiktionale Texte.

Ein starkes Nichtfiktionssignal liefert zudem der Klappentext der bisherigen Buchausgaben, wenn es dort heißt: »Bärfuss spürt dem Schicksal des Bruders nach, über das er zunächst wenig weiß.« Damit wird nahegelegt, nicht zwischen dem Autor Bärfuss und einem von ihm verschiedenen Erzähler zu unterscheiden. Eine solche Lektüre ist grundsätzlich möglich. Im Text deutet nichts darauf hin, dass es falsch sein muss, davon auszugehen, Bärfuss meine mit »Ich« sich selbst. Die im Text vergebenen Persönlichkeitsmerkmale könnten ihm zugeordnet werden. Die derart durch den Paratext nahegelegte und den Text ermöglichte autobiografische Lektüre von »Koala« signalisiert wiederum Nichtfiktionalität.

Dem stehen ebenso starke Fiktionssignale gegenüber. Wiederholt beschreibt der »Koala«-Erzähler (wobei vorerst offenbleiben soll, um wen oder was es sich dabei handelt) die Innenwelt der Handelnden, als hätte er direkten Zugang dazu. Dies etwa bei Ralph Clark, bei Francis Barrallier oder beim Bruder.[10] In diesen intern fokalisierten Passagen wird der Horizont dessen, was man über das Innenleben von dritten Personen wissen kann, überschritten. Trotzdem werden die fremden mentalen Ereignisse wie Tatsachen präsentiert. Während solche Passagen in nichtfiktionalen Texten mindestens ungewöhnlich wären, sind sie in fiktionalen Texten üblich. Sie legen mit allen anderen vergebenen Informationen fest, was in einer fiktiven Welt der Fall ist.

Fiktionalität wird weiterhin durch den Umgang mit Namen, Daten und Quellen signalisiert. Der »Koala«-Erzähler ist textintern namenlos. Der Name des Bruders wird nicht genannt. Auch von Kleist ist die Rede, ohne dass sein Name fällt. Die Stadt, in der die Brüder aufgewachsen sind, sieht aus wie Thun, heißt im Text aber nur »Stadt«, »Heimatstadt«, »Kleinstadt«, »Kaff« und »Scheißkaff«[11]. Wann das letzte Treffen der Brüder stattgefunden hat, bleibt offen. Die nach dem Selbstmord des Bruders gelesenen »Philosophen«[12] und »Nervenärzte«[13] benennt der »Koala«-Erzähler nicht. Die Quellen, auf die er sich bei der Erzählung der Geschichte des Koalas und Australiens bezieht, thematisiert er unterschiedlich. Auch die Zeitangaben sind uneinheitlich. All diese unterschiedlich präzisen (zeitlichen, örtlichen, personellen) Lokalisierungen der erzählten Ereignisse wären für einen nichtfiktionalen Text mindestens ungewöhnlich. Für einen fiktionalen Text sind sie problemlos. Es ist übliche Praxis, dass der Autor durch die Informationsvergabe mehr oder weniger genau festlegt, was in einer fiktiven Welt der Fall ist.

Ein nächstes Fiktionssignal bildet der zeitlogisch unmögliche Schluss von »Koala«. Im Rückblick auf die Trauerfeier heißt es: »Das ging mir durch den Kopf auf dem Weg an den Stadtrand«.[14] Was der »Koala«-Erzähler mitteilt, hat er aber noch nicht erkannt. Der etablierten Ereignischronologie zufolge steht er zu diesem Zeitpunkt der Handlung noch am Anfang seiner Sinnsuche.[15] In einem nichtfiktionalen Text hielten wir eine solche Konstruktion wohl für einen Fehler oder zumindest für ungewöhnlich. In einem fiktionalen Text gilt sie als ein nicht unübliches Erzählverfahren.

Weiterhin signalisiert die Gattungsbezeichnung Fiktionalität. »Koala« kann kein typischer Roman sein, wie bereits die Kritiken gezeigt haben. Gleichwohl wird die Gattungsbezeichnung bewusst gesetzt sein: Bärfuss deklariert »Koala« als Roman und legt damit nahe, den Text als fiktional zu behandeln. Letztlich hat Bärfuss in Interviews Gesprächspartner auf unangemessene Lektüren hingewiesen. Dies wenn bestimmte Positionen, die in »Koala« geäußert werden, ihm als Behauptungen zugerechnet wurden. Er hat zwar stets den autobiografischen Gehalt bestätigt.[16] Zugleich hat er sich aber von manchen Thesen distanziert. In »Koala« würden, so Bärfuss, auch »poetische Positionen« vertreten.[17]

2 Fiktionalität und Wahrheit

Der Fiktionalitätsstatus von »Koala« ist umstritten, weil die Signale in verschiedene Richtungen weisen. Die in diesem Fall zentrale (und fiktionstheoretisch notorisch umstrittene) Frage ist, in welchem Zusammenhang Fiktionalität und Wahrheit stehen. Die Debatte kann hier nicht nachgezeichnet werden, jedoch gibt es nur drei Möglichkeiten, die anhand drei der führenden Fiktionstheorien vereinfacht durchgespielt werden können: Fiktionalität und Wahrheit können nur inkompatibel oder kompatibel oder eingeschränkt kompatibel sein.

Der in der philosophischen Debatte wahrscheinlich einflussreichste Vertreter der ersten Position ist Gregory Currie.[18] Nach Currie darf eine Äußerung, damit sie fiktional sein kann, höchstens zufällig wahr sein. Wer hingegen einen Sachverhalt recherchiert hat und diesen in einem absichtlich wahren Satz äußert, hat keinen fiktionalen Sprechakt ausgeführt und der resultierende Satz kann nicht fiktional sein. Diese Gehaltsbedingung ergänzt die Hauptbedingung, die besagt: Ein Satz »p« ist fiktional, wenn der Autor reflexiv intendiert, dass der Leser sich vorstellen soll, dass p.[19] Eine hinreichend große Menge solcher Sätze ergibt einen fiktionalen Text.

Wenn Wahrheit und Fiktionalität in diesem Sinne inkompatibel wären, hätte es jedoch im Falle von »Koala« nicht zu derart unterschiedlichen und begründbaren Auffassungen kommen sollen. Nach Currie müsste »Koala«

wohl als nichtfiktional klassifiziert werden, weil die Mehrheit der Sätze absichtlich wahr zu sein scheint.[20] Damit würden die im Text und Kontext von »Koala« auffindbaren Fiktionssignale jedoch wenig überzeugend als letztlich ohne Einfluss auf den Fiktionalitätsstatus gewertet. Die Gehaltsbedingung scheint insofern zu streng: Fiktionalität und Wahrheit schließen sich zumindest nicht kategorisch aus.

Der wohl einflussreichste Vertreter der Gegenposition ist Kendall Walton.[21] Ihm zufolge dienen alle fiktionalen Kunstwerke als Hilfsmittel in einem Vorstellungsspiel (»prop in a game of make-believe«[22]). Hinzu kommt keine einschränkende Gehaltsbedingung. Die für Fiktionalität entscheidende Funktion kann also auch teilweise oder gänzlich wahren Texten zukommen. Solche fiktionalen Texte können ein Vorstellungsspiel anleiten und zugleich den Leser wahrheitsgemäß über etwas informieren.

Die Fiktionssignale und Nichtfiktionssignale im Text und Kontext von »Koala« würden nach Walton nicht in einem aufzulösenden Widerspruch stehen. Sie würden darauf hinweisen, dass der Text das Potenzial hat, mehrere Funktionen zu erfüllen. Streng genommen bleibt der Fiktionalitätsstatus nach Waltons Theorie aber unbestimmt. »Koala« bleibt vorerst ein Grenzfall, weil sich bisher keine Funktionszuschreibung durchgesetzt hat. Dies zeigen die Veröffentlichungen in Feuilleton und Wissenschaft, die »Koala« weiterhin unterschiedliche Funktionen zuschreiben.

Einen Kompromiss hat etwa Kathleen Stock ausgearbeitet.[23] Sie vertritt die Position der eingeschränkten Kompatibilität. Stock geht ebenfalls vom Grundsatz aus: Ein Satz »p« ist fiktional, wenn der Autor reflexiv intendiert, dass der Leser sich vorstellen soll, dass p. Curries Gehaltsbedingung schwächt sie jedoch ab. Auch ein absichtlich wahrer Satz »p« kann ihr zufolge fiktional sein. Dazu muss der Autor aber intendieren, dass der Leser p in der Vorstellung mit q verknüpft, wobei »q« kein wahrer Satz sein darf. Die Sätze »p« und »q« haben dabei denselben fiktionalen Wahrheitswert: p und q sind fiktional wahr. (Die Sätze »p« und »q« drücken fiktive Tatsachen aus.) Die Sätze »p« und »q« haben aber unterschiedliche nichtfiktionale Wahrheitswerte: p ist wahr, q ist falsch. (Der Satz »p« drückt eine Tatsache aus, »q« aber nicht.) Eine Fiktion – eine bestimmte Menge an vorzustellenden und zu verknüpfenden Propositionen – kann also nach Stock aus wahren Sätzen bestehen, aber nicht ausschließlich aus solchen. Kurz: ohne »q« keine fiktive Welt.

3 »Außerhalb der Schöpfung«

Stocks Vorschlag führt zu einer intuitiv adäquaten und gut begründeten Klassifizierung von »Koala« als fiktional.

Die Fiktionssignale weisen demnach auf eine erste Intention hin. Bärfuss lädt den Leser zu einem Vorstellungsspiel ein. Unter dieser Annahme erscheint sein Handeln rational, wenn er »Koala« als Roman deklariert, Lokalisierungen unterlässt, intern fokalisiert, metaleptisch erzählt, Ereignisse erfindet und das Recht auf ›poetische Positionen‹ einfordert. Unter Berücksichtigung der Text- und Kontextdaten lässt sich insofern auf das Vorhandensein einer für Fiktionalität hinreichenden Autorintention schließen.

Die Nichtfiktionssignale weisen jedoch auf eine weitere Intention hin. Bärfuss fordert den Leser zudem auf, sich bestimmte Sachverhalte nicht nur vorzustellen, sondern auch zu glauben. Unter dieser Annahme erscheint sein Handeln wiederum rational, wenn er über weite Strecken absichtlich wahrheitsgemäß berichtet. In solchen Passagen führt er zugleich fiktionale Sprechakte (Vorstellungsaufforderungen) und assertive Sprechakte (Behauptungen) aus. Die fiktive Welt von »Koala« kommt dabei mit der realen Welt zur Deckung, ohne dass dadurch das Vorstellungsspiel unterbrochen wird.

Es bleibt die bisher ebenfalls uneinheitlich behandelte Erzählerfrage. In einem fiktionalen Text spricht grundsätzlich dann ein vom Autor zu unterscheidender fiktiver Erzähler, wenn zur Vorstellung eines solchen aufgefordert wird. Ein Autor eines fiktionalen Textes muss aber keinen fiktiven Erzähler erfinden.[24] Fordert also Bärfuss zu der Vorstellung auf, beim »Koala«-Erzähler handle es sich um ein namenloses, nur durch den Text konstituiertes und in der fiktiven Welt von »Koala« existierendes »Ich«? – Kaum ein Leser wird sich so verhalten, und dies zu Recht. Die Text- und Kontextdaten legen vielmehr fast eindeutig nahe: Lukas Bärfuss fordert den Leser zu Vorstellungen über Lukas Bärfuss auf.[25] »Koala« hat keinen anderen Erzähler als den Autor. Es steht bereits richtig im Text: »Der Selbstmord sprach für sich, er brauchte keinen Erzähler.«[26]

Wir stellen uns also vor: Lukas Bärfuss zieht am Ende eines mühseligen Erkenntnisprozesses in einem fulminanten Wutausbruch allerhand radikalpessimistische Schlüsse. Die zentrale ›poetische Position‹ lautet: Der Selbstmord ist eine rationale Handlung, »überzeugend wie ein schlüssiges Argument«.[27] Wer Angst mit Arbeit behandelt, hinterlässt »Abfall«.[28] Wer arbeitet, statt sich umzubringen, lebt »in Sklaverei«.[29] »Außerhalb der Schöpfung«[30].

Der Selbstmörder rettet sich aus gutem Grund aus einem menschenunwürdigen Dasein, das aus angeborener Angst und sinnloser Arbeit besteht. Mit dieser These konfrontiert uns »Koala«. Bärfuss schreibt viele wahre Sätze mit behauptender Kraft, um zu dieser Position zu gelangen. Insofern ist der Roman auch eine Quelle von Sachwissen. Die Funktion der wahren Sätze in der Wirkungskonzeption des Textes ist aber eine andere. Sie sollen die Selbstmord-These als begründeten, ja notwendigen Schluss nahelegen.

Dies wiederum provoziert den Leser zu einer persönlichen Stellungnahme. Ist es wirklich so schlimm?

Bärfuss hat eine Erklärung für den Selbstmord seines Bruders gesucht. Dazu hat er der »Imagination« die »Funktion einer erkenntnistheoretischen Massnahme«[31] zugewiesen. Zudem hat er recherchiert. Er hat sich »zwanzig Millionen Jahre«[32] zurückversetzt und sich zur existenzphilosophischen These vorgearbeitet. Das Ergebnis stellt uns im Modus des Vorstellungsspiels vor die Frage, wie ein Leben innerhalb der Schöpfung auszusehen hätte.

---

1 Regula Freuler: »Mit dem Nichts versöhnt«, in: »NZZ am Sonntag«, 2.3.2014, S. 71. — **2** Jens Bisky: »Von einem Tier, das mit Gefahren nicht rechnete«, in: »Süddeutsche Zeitung«, 24.4.2014, S. 12. — **3** Alexander Košenina: »Vorsicht vor giftigen Eukalyptusblättern«, in: »Frankfurter Allgemeine Zeitung«, 29.3.2014, S. 13. — **4** Ina Hartwig: »Arbeit verweigert«, in: »Die Zeit«, 13.3.2014, S. 19. — **5** Martin Ebel: »Ach, dass wir wie die Beutelbären wären«, in: »Tages-Anzeiger«, 5.3.2014, S. 29. — **6** Vgl. die Beiträge zu »Koala« im Sammelband: Marie Gunreben / Friedhelm Marx (Hg.): »Handlungsmuster der Gegenwart. Beiträge zum Werk von Lukas Bärfuss«, Würzburg 2017, in denen die Frage nach dem Fiktionalitätsstatus des Textes weiterhin unterschiedlich beantwortet wird; Peter Meilaender: »Has the Restoration of the Sciences and Art Tended to Purify Morals?«, S. 209–224; Benjamin Schlüer: »Kritische Theorie und Speziesismus«, S. 193–207; Christian van der Steeg: »Die Wiederkehr der Naturgeschichten. Bärfuss & Co«, S. 225–240; Jan Süselbeck: »Der Pfeifer, der Seher, der Gefangene. Über den Prosautor Lukas Bärfuss und seinen Ort in der Gegenwartsliteratur«, S. 41–52; Elias Zimmermann: »(Per-)Vertierung. Widerspruch und Biopolitik in Lukas Bärfuss' ›Koala‹«, S. 99–114. — **7** Als Fiktions- oder Nichtfiktionssignale verstehe ich alle Text- und Kontextmerkmale, die nahelegen, dass es sich um einen fiktionalen oder nichtfiktionalen Text handeln könnte. Vgl. Frank Zipfel: »Fiktionssignale«, in: Tobias Klauk / Tilmann Köppe (Hg.): »Fiktionalität. Ein interdisziplinäres Handbuch«, Berlin, Boston 2014, S. 97–124. Den Wahrheitsbegriff verwende ich im alltagssprachlich und wissenschaftlich üblichsten korrespondenztheoretischen Sinne: Ein Satz »p« ist wahr, wenn *p* der Fall ist. Vgl. zum Wahrheitsbegriff und konkurrierenden Wahrheitstheorien jedoch etwa Gottfried Gabriel: »Erkenntnis«, Berlin, Boston 2015, S. 37–39. — **8** Vgl. Lukas Elser: »Suizid ist für mich keine Option«, in: »Zürcher Oberländer«, 30.12.2014, S. 9. — **9** Vgl. van der Steeg: »Die Wiederkehr der Naturgeschichten«, a. a. O., S. 234: Es handle sich in diesen Teilen um einen »scheinbaren Geschichtsabriss, der mit seinen überprüfbaren Rekursen auf Personen, Tierarten, Geografie und Texte keine Zweifel an seiner Faktentreue aufkommen lässt«. — **10** Vgl. Lukas Bärfuss: »Koala. Roman«, Göttingen 2014, S. 92–97, S. 129–149 u. S. 60–76. — **11** Ebd., S. 5, S. 15, S. 39, S. 46 u. S. 76. — **12** Ebd., S. 32. — **13** Ebd., S. 33. — **14** Ebd., S. 178. — **15** Christoph Steier beschreibt diese Struktur als metaleptische »Rekurrenzschleife«, die in einem »performativen Widerspruch« endet. Vgl. Christoph Steier: »Fallen, Finten, Kammerspiele. Der Erzähler Lukas Bärfuss«, in: Gunreben / Marx: »Handlungsmuster der Gegenwart«, a. a. O., S. 27–39, hier S. 31. — **16** Vgl. Anna Kardos / Christof Moser: »Selbstmord ist eine Kulturtechnik«, in: »Schweiz am Sonntag«, 9.3.2014, S. 13; Balz Spörri: »Die Tat bleibt trotzdem unerträglich«, in: »Sonntagszeitung«, 2.3.2014, S. 37; Silvia Tschui: »Denken ist immer möglich«, in: »Sonntagsblick«, 16.11.2014, S. 30; Elser: »Suizid ist für mich keine Option«, a. a. O.; Anne-Sophie Scholl: »Trauergesang auf die menschliche Natur«, in: »Berner Zeitung«, 6.2.2014, S. 27. — **17** Vgl. Schweizer Radio und Fernsehen: »Sternstunde Philosophie. Lukas Bärfuss – Das Leben als Treibjagd«, 4.5.2014. — **18** Vgl. Gregory Currie: »The Nature of Fiction«, Cambridge 1990, S. 1–51. —

19 Reflexiv ist die Intention insofern, als der Autor eines fiktionalen Satzes mit dem Gehalt *p* dreierlei intendiert: Er intendiert, (i) dass der Leser sich vorstellt, dass *p*; (ii) dass der Leser die in (i) genannte Intention erkennt; und (iii) dass das Erkennen der in (i) genannten Intention ein Grund des Lesers ist, sich vorzustellen, dass *p*. Vgl. grundlegend H. Paul Grice: »Meaning«, in: »The Philosophical Review« 66 (1957), H. 3, S. 377–388, hier S. 383. — **20** Currie lässt die Frage, wann Texte bzw. Werke insgesamt als fiktional zu klassifizieren sind, jedoch ausdrücklich offen. Vgl. Currie, a.a.O., S. 49. — **21** Vgl. Kendall Walton: »Mimesis as Make-Believe. On the Foundations of the Representational Arts«, London 1990, S. 11–105. — **22** Zur Übersetzung von *prop* mit ›Hilfsmittel‹ vgl. Jan Gertken / Tilmann Köppe: »Fiktionalität«, in: Simone Winko / Fotis Jannidis / Gerhard Lauer (Hg.): »Grenzen der Literatur. Zum Begriff und Phänomen des Literarischen«, Berlin, New York 2009, S. 228–266, hier S. 246. — **23** Vgl. Kathleen Stock: »Only Imagine. Fiction, Interpretation and Imagination«, Oxford 2017, S. 145–174. — **24** Vgl. Tilmann Köppe / Jan Stühring: »Against pan-narrator theories«, in: »Journal of Literary Semantics« 40 (2011), S. 59–80; sowie Tilmann Köppe / Tom Kindt: »Unreliable Narration with a Narrator and without«, in: »Journal of Literary Theory« 5 (2011), S. 81–94. — **25** In einem engen Sinne des Begriffs könnte man insofern auch von einem autofiktionalen Text sprechen. Als ›autofiktional‹ wären nach diesem engen Verständnis nur jene Gruppe von fiktionalen Texten zu bezeichnen, in denen der Autor zu propositionalen Vorstellungen über ihn selbst auffordert (und nicht über einen fiktiven Erzähler). Vgl. allgemein zum Autofiktionsbegriff: Frank Zipfel: »Autofiktion. Zwischen den Grenzen von Faktualität, Fiktionalität und Literarität?«, in: Simone Winko / Fotis Jannidis / Gerhard Lauer (Hg.): »Grenzen der Literatur. Zum Begriff und Phänomen des Literarischen«, a.a.O., S. 285–314; Martina Wagner-Egelhaaf (Hg): »Autor(f)iktion. Literarische Verfahren der Selbstkonstruktion«, Bielefeld 2013. Für eine Klassifizierung von »Koala« als autofiktional in einem weiteren Sinne des Begriffs vgl. Zimmermann, a.a.O., S. 102. — **26** Bärfuss: »Koala«, a.a.O., S. 43. — **27** Ebd., S. 169-170. — **28** Ebd., S. 169. — **29** Ebd. — **30** Ebd. Vgl. zu diesem »abgrundtiefen Pessimismus« auch Süselbeck: »Der Pfeifer, der Seher, der Gefangene«, a.a.O., S. 42–44, hier S. 42. — **31** Bärfuss: »Koala«, a.a.O., S 57. Vgl. auch van der Steeg: »Die Wiederkehr der Naturgeschichten«, a.a.O., S. 235. — **32** Bärfuss: »Koala«, a.a.O., S. 76.

Marta Famula

»Diese Konkretion empfinde ich als das wirklich Grausame«
Das Skandalon des Sterbens in Lukas Bärfuss' Drama »Alices Reise in die Schweiz«

Mit dem Drama »Alices Reise in die Schweiz. Szenen aus dem Leben des Sterbehelfers Gustav Strom«,[1] das am 4. März 2005 am Theater Basel uraufgeführt wurde, schuf Lukas Bärfuss einen bemerkenswerten Beitrag zur Debatte um assistierten Suizid, die seit nunmehr mehreren Jahrzehnten in verschiedenen Ländern Europas geführt wird.[2] Bemerkenswert erscheint sein Stück vor allem deshalb, weil es nicht allein die Chancen und Gefahren der medizinischen Sterbehilfe herausstellt. Vielmehr leuchten die Figuren mit der Neutralität eines wissenschaftlichen Experiments die konkrete Erfahrung dieses selbstgewählten letzten Weges aus.[3] Eine klare Positionierung innerhalb der theoretischen Debatte bleibt dabei aus. Stattdessen wird der Kern des Problems auf das unmittelbare und individuelle Erleben verlagert, das sich einer eindeutigen Wertung entzieht, jedoch den Schrecken der individuellen Sterbeerfahrung als entscheidende Herausforderung transportiert. Jenseits der theoretisch geführten ethischen Debatte markiert das Stück damit das subjektive Erleben des Suizids als ein unhintergehbares und dabei theoretisch kaum fassbares Problem.

In der als dramatischer Raum inszenierten Schweiz bietet – anders als in den meisten anderen Ländern Europas – eine Gesetzeslücke die Möglichkeit, Sterbehilfe professionell und im Rahmen einer institutionellen Struktur durchzuführen.[4] Hinter der Idee steht der Mediziner Gustav Strom, der sein Wissen in den Dienst der Sterbehilfe gestellt und seine Schweizer Wohnung zu einem Ort gemacht hat, an dem Menschen aus ganz Europa die Möglichkeit haben, ihr Leben legal und mit seiner professionellen Hilfe zu beenden.

Innerhalb dieser Rahmenbedingungen zeigt das Stück eine Reihe von Charakteren, die sich dazu entschlossen haben, ihrem Leben freiwillig ein Ende zu setzen. Entscheidend dabei ist, dass nicht alle Figuren an einer tödlichen Krankheit leiden, sondern dass dieses Angebot gerade auch denjenigen zukommen soll, die diesen Entschluss bei voller körperlicher Gesundheit treffen. Dies gilt etwa für die an Depression leidende Hamburgerin Alice und deren Mutter Lotte Gallo, die nach dem Suizid ihrer Tochter keinen Lebensinhalt hat und sich deshalb – körperlich völlig gesund –

ebenfalls für den Tod entscheidet. Zu den Klienten Stroms zählt außerdem der krebskranke Engländer John, der den geplanten Suizid allerdings trotz eines zunehmenden körperlichen Verfalls nicht umzusetzen vermag. Indem dieser letzte Weg der Figuren in solch synoptischer Weise betrachtet wird, geraten die individuellen Gründe dafür sowie die unterschiedlichen Wege, den eigenen Tod aktiv herbeizuführen, in den Fokus. Mit den individuellen Formen des suizidalen Wunsches zeigt das Stück also unterschiedliche Varianten der Verzweiflung am Leben, für die der Tod als einzige Rettung erscheint, und stellt so die Kluft zwischen individuellen Vorstellungen von einem sinnvollen und erfüllten Leben und deren (Nicht-)Realisierbarkeit als zentralen Gegenstand heraus.[5] Das Skandalöse dieser Betrachtung liegt mithin in der Konkretheit dieses letzten Weges, der – so organisiert er auch sein mag – die schonungslose Konfrontation mit der Abgründigkeit des eigenen Todes zum Ausdruck bringt. Im Interview mit Judith Gerstenberg, das Lukas Bärfuss während der Bamberger Poetikprofessur 2015 gab, stellt er diese Bedeutung des konkreten Erlebens innerhalb seines Stückes explizit heraus: »Die Grausamkeit liegt in der konkreten Einzelheit. Das gilt auch für die Sterbehilfe. Einer muss entscheiden: soll ich Dienstagmorgen oder doch besser Donnerstagnachmittag sterben? (…) Darin liegt die Überforderung. In den Fragen: Welches Bild hängt an der Wand des Sterbezimmers? Was will ich zuletzt essen, sehen, spüren, hören? Wie führt man ein letztes Gespräch? Wir müssen das Sterben planen, aber wie könnte das gelingen? Die Trauer, den Schmerz wird man so nicht besiegen können. (…) Ich habe früher in Zürich in der Gertrudstraße gewohnt. Im Haus gegenüber unterhielt die Organisation ›Dignitas‹ eine solche Sterbewohnung. Ich habe mir das Treppenhaus angeschaut, mich gefragt, wie es ist, die Stufen hinaufzusteigen mit dem Wissen, nicht zurückzukehren. Diese Konkretion empfinde ich als das wirklich Grausame.«[6]

Das individuelle Erleben markiert auf diese Weise einen Problembereich, dem innerhalb der theoretischen Debatte um Sterbehilfe verhältnismäßig wenig Beachtung zukommt, und verweist damit zugleich performativ auf die Relevanz der Bühne für ethische Debatten in Politik und Wissenschaft.[7] Gerade diese Spannung zwischen theoretischen, abstrakten Positionen zum unterstützten Suizid und dem konkreten Schrecken der Todeserfahrung stellt den Kern der dramatischen Handlung dar.

Entsprechend stehen die Beweggründe des Sterbehelfers dem Erleben der Figuren zuweilen diametral entgegen. Sie basieren auf grundlegenden Ideen von der Wertigkeit des Lebens, die den individuellen Lebensumständen seiner Klienten nur bedingt gerecht werden. Offensichtlich wird dies bereits bei der Betrachtung seines Informationsprospektes, der mit einem Verweis auf Friedrich Schiller und Freiheitsideale des 18. Jahrhunderts auf seine Arbeit aufmerksam machen soll: »Verein für Sterbehilfe. Zu einem selbstbestimmten Leben gehört ein selbstbestimmtes Sterben. Lieber tot, als in Knechtschaft leben. Schiller, Wilhelm Tell. Wer zum Suizid entschlossen ist, hat ein Recht auf Beihilfe.«[8]

Der Grundtenor dieser (Werbe-)Information spiegelt eine unter den Befürwortern der Sterbehilfe weit verbreitete Argumentation wider, auf medizinisch bedingte lebensverlängernde Möglichkeiten zu reagieren, die auf Kosten selbstbestimmter Lebensführung vollzogen werden.[9] Eine grundsätzliche Besonderheit dieser Haltung scheint darin zu bestehen, dass weder der Begriff »Knechtschaft« noch jener der »Selbstbestimmung« einer objektiven Bestimmung unterliegt und so jeweils subjektiven Wertesystemen der Klienten entspringt. Die Frage, was ein Leben zu einem macht, das nicht über das ausreichende Maß an Autonomie verfügt, wird bewusst nicht vorgegeben, sondern in den jeweiligen Lebenssituationen individuell bestimmt, was einerseits Autonomie und Freiheit der Entscheidung der Klienten impliziert, andererseits diese mit der Verantwortung über die Wertung des eigenen Daseins belastet und den Fokus so auf individuelle Sinngebung und Wertung des eigenen Lebens selbst verschiebt. Die Gleichzeitigkeit individueller Wertschätzung und begrifflicher Abstraktion scheint für Gustav Strom der Begriff der ›Würde‹ zu verkörpern, mit dem das Stück einerseits auf das reale Vorbild des Schweizer Vereins zur Sterbehilfe »Dignitas« rekurriert und sich andererseits in die Traditionslinie des Autonomiegedankens seit dem 18. Jahrhundert gestellt wissen will. In Stroms Informationsblatt wird Würde dabei im Sinne einer menschlichen Eigenschaft verstanden, die durch einen krankheitsbedingten Autonomieverlust als gefährdet betrachtet wird: »Prinzipien sind mir gleichgültig. Jedes Prinzip, irgendeines, ist Menschen feindlich. Ich will den Kranken ein Freund sein, eine helfende Hand. Wer kann das Glück definieren, und wer das Leid. Wer kann in Worte fassen, was ein Leben lebenswert macht. Ich nicht. Aber ich sehe, wer nicht weiter kann und in den Seilen hängt, und wer an seiner Würde Schaden nimmt, wenn der Kampf nicht abgebrochen wird. Es gibt Menschen, die sich selbst nicht helfen können.«[10]

In dieser Notwendigkeit, als Dienstleister allgemeingültige Kriterien für seine Klienten zu formulieren, scheint seine Arbeit eine monströse Seite zu erhalten. Zwar beteuert Strom sein Anliegen, allgemeingültige Prinzipien zu vermeiden, doch scheint sein Begriff der Würde selbst generalisierende Strukturen aufzuweisen, die der individuellen Situation nicht immer beizukommen vermögen. Während Schillers durch Kants Pflichtethik geprägter Begriff der Würde die Erhabenheit des Sittlichen über das Sinnliche meint und damit gerade die Akzeptanz des Skandalons der eigenen Sterblichkeit zur Voraussetzung hat,[11] scheint Stroms Begriff von einem würdevollen Leben vielmehr durch die Vorstellung von einer immanenten Wertigkeit des Lebens bestimmt zu sein, die individuell verhandelbar ist. Zwar verdeutlicht das Schiller-Zitat Stroms Anliegen, seine sich selbst auferlegte Mission auf den idealistischen Begriff der Würde zurückzuführen, doch scheint sein eigener Begriff von Menschenwürde vielmehr einer modernen Idee geschuldet, die vor allem im juristischen Kontext verankert ist. Seiner tendenziell im Unklaren verhafteten Idee von Würde entspricht dabei auch die Unklarheit der Begriffsdefinition selbst, wie im entsprechenden Artikel des Historischen Wörterbuchs der Philosophie nachzulesen ist: »Bemerkenswert ist, daß er (der Begriff ›Menschenwürde‹, M. F.) in diesem verfassungsrechtlichen Kontext ein relativ neuer Begriff ist, der wohl zuerst in der irländischen Verfassung von 1937 auftrifft. Es ist jedoch schwer auszumachen, was in diesem juristischen Kontext unter der M(enschenwürde) eigentlich verstanden wird. Neben Versuchen, diesen Begriff durch den Rekurs auf Kantische Vorstellungen zu erläutern, gibt es eine im engeren Sinne juristische Interpretationstradition, die dazu tendiert, die M(enschenwürde) als Wert der Person an sich zu betrachten bzw. als etwas, das zur menschlichen Naturausstattung gehört.«[12]

Der von Strom verwendete Begriff der Würde wird damit zum Ausdruck einer vermeintlichen Vereinfachung des gemeinten Gegenstands, der eigenen Sterblichkeit, und veranschaulicht so indirekt die Schwierigkeit, die konkrete Herausforderung des Todes innerhalb eines verbindlichen Wertesystems zu verorten. Stroms Fokussierung auf den Begriff scheint die Frage überhaupt erst in den Raum zu stellen, in welchem Verhältnis die beiden Begriffe ›Würde‹ und ›Wert‹ zueinander stehen. In einem Interview mit dem Sender »Deutschlandfunk Kultur« vom 24. Juni 2010 zum Thema »Sterbehilfe auch für Gesunde?«, das sich auf eine entsprechende Forderung der niederländischen Bürgerinitiative zur »Vereinigung für ein freiwilliges Lebensende (NVVE)« bezog, machte Lukas Bärfuss auf das Problem des Würde-Begriffs innerhalb der Argumentation zur Sterbehilfe aufmerksam: »Ja, was mich gestört hat und eigentlich immer noch stört, ist, dass man die Frage der Würde hier ins Spiel bringt und dass es sehr oft heißt, dass man in Würde sterben will. Und ich weiß nicht genau, was das denn bedeuten soll. Oder im Ausschluss heißt es denn (sic), wenn man krank ist, da ist man unwürdig, oder wenn man auf Hilfe angewiesen ist, ist das unwürdig. Ich glaube nicht eigentlich. Ich glaube, dass die Organisation oder dieser Versuch, selbst aus dem Sterben eine angenehme Sache oder jedenfalls eine Sache zu machen, die möglichst wenig Schmerz hinterlässt, finde ich ein Gedanke (sic!), der mir eigentlich nicht so gefällt. Denn was heißt das letzten Endes? Gibt es dann nicht auch einen Druck der Gesellschaft oder des sozialen Umfeldes, wenn man nicht mehr kann und wirklich krank ist, dann sterben zu müssen. Und deshalb gefällt mir dieser Gedanke des Bequemen eigentlich nicht so. Ich glaube, wir sollten uns mit der Unbequemlichkeit und mit dem Skandalon des Todes auseinandersetzen.«[13]

In dem von Bärfuss in seiner Tendenz zur »Bequemlichkeit« kritisierten Würde-Begriff manifestiert sich zugleich das entscheidende Konfliktpotenzial des Stückes: Der Sterbehelfer klammert den Schrecken des Sterbeaktes aus seinem Konzept geradezu aus und ist deshalb nicht in der Lage, die konkrete Todesangst seiner Klienten zu erkennen. Damit unterläuft er gerade sein Hauptanliegen: die Wertschätzung des individuellen Lebens. Zwar steht er zur Seite beim Klären letzter Angelegenheiten und verabreicht den tödlichen Trunk, den der Patient dann nur noch eigenständig zu trinken braucht. Während er allerdings die ethisch motivierte Idee immer weiter optimiert – er handelt in jeder Hinsicht planvoll und umsichtig, bedenkt alle Eventualitäten und steht seinen sterbenswilligen Klienten uneingeschränkt bei, wobei er weder vor staatlicher Gewalt noch vor Anfeindungen zurückschreckt –, bleibt seine Idee gegenüber den individuellen Anforderungen opak. So ist Strom nicht in der Lage, auf die Besserung des gesundheitlichen Zustands Alices zu reagieren. Als diese angesichts des nahenden Todes Anzeichen einer Überwindung des depressiven Zustandes aufweist, führt er sie – zum Entsetzen der Zuschauer –[14] dennoch in den Tod. Auch kann er seinen Unmut nicht verbergen, als John, sein krebskranker Klient aus England, trotz weit fortgeschrittenem Krankheitsstadium den letzten Schritt zum Suizid immer wieder im letzten Moment aufschiebt. »Das Hinundher ist ganz unerträglich«,[15] lässt er verlauten.

Der Blick, den das Stück auf die lebensmüden Menschen richtet, weist indessen einen komplexen Begriff der Wertigkeit von Leben auf, der eng mit dem Moment individuellen Todes- und Existenzbewusstseins verknüpft ist: Gerade die Befreiung von der Suche nach einer objektiven Bedeutung des individuellen Lebens scheint die zum Suizid entschlossenen Figuren wieder einen Sinn in ihren Leben erkennen zu lassen – eine Entwicklung, die in Stroms Idee nicht vorgesehen ist. Dies gilt etwa für die Titelheldin Alice, die in ihrem durch Fremdbestimmung und Co-Abhängigkeit von ihrer Mutter geprägten Leben offensichtlich unter Depression leidet und sich deshalb auf die Reise in die Schweiz macht, um die Hilfe des Gustav Strom in Anspruch zu nehmen. Doch gerade die Entscheidung für das Beenden des eigenen Lebens und die Erfahrung der Selbstbestimmtheit schaffen einen existenziellen Rahmen, in dem ihr ein Leben doch möglich erscheint: »Dann habe ich ein Fischbrot gegessen. Das hat richtig Spaß gemacht. (….) Aber bloß, weil es das letzte Mal war. (…) Das letzte Fischbrot. Das war ein vollkommen gewöhnliches Fischbrot mit Zwiebeln, aber es hat geschmeckt wie nie. Und so ist es mit allem. Die Welt ist wie neu. Nichts entgeht mir, nichts ist nebensächlich. Wenn es so bleiben könnte, wie es sich gerade anfühlt. So zum letzten Mal. So verletzlich. Wenn ich jedes Bild noch genau einmal sehen dürfte, jeden Duft nur noch einmal riechen, jedes Aroma bloß noch einmal schmecken. So würde es gehen.«[16]

Mit der Wendung an den Schweizer Arzt vollzieht Alice einen eigenen Schritt, sie löst sich von ihrer Mutter und damit von nicht durch sie selbst gewählten Lebensvorgaben. Die Möglichkeit individueller Sinngebung wird damit an die autonome Übernahme der Verantwortung für die eigene Existenz gekoppelt, die ihr gerade im Zusammenhang mit dem Blick auf die eigene Vergänglichkeit ins Bewusstsein tritt. Alices Leben bekommt in dem Moment einen Wert für sie, als ihr dessen Vergänglichkeit und die damit zusammenhängende Einzigartigkeit bewusst wird, was sich ihr als existenzielle Größe, losgelöst von interpersonalen Beziehungen verdeutlicht.

Auch mit John wird eine Figur geschaffen, die eine Entscheidung für das Leben aus der schieren Tatsache der eigenen Existenz heraus zu schöpfen vermag. Das Leben des krebskranken Engländers zeichnet sich – ähnlich jenem Alices – durch die Abwesenheit einer Idee davon aus, was sein Leben ausmacht. Sein Lebensweg wird ihm erst angesichts des Todes als eine in sich stimmige Abfolge von Ereignissen und Bedeutungen, als eine zu einer Geschichte verwebbare Einheit, klar. John hält sein eigenes Leben für ausnehmend langweilig: »God, I am boring. I was always boring, and I am still boring. I am going to die in about ten minutes, and I am still boring.«[17] Als Johns Frau seine Teetasse unmittelbar nach seinem Aufbruch in die Schweiz weggeworfen hat, schien das letzte Zeichen seiner Existenz gelöscht worden zu sein.[18] Doch angesichts des eigenen Todes und der damit ins Bewusstsein tretenden Endlichkeit des eigenen Daseins erfährt auch John sein Leben als eine Ganzheit und ist in der Lage, ihm einen unverhandelbaren Wert einzig aufgrund der Tatsache seiner Existenz zuzuschreiben: »Two more weeks. That's fine. I will take them. I am scared.«[19] Die Todesangst, das Erschrecken vor der konkreten Sterblichkeit, erweist sich für John als Grund für einen neuen Blick auf sein Leben. Sie lässt ihn dreimal unverrichteter Dinge die Räumlichkeiten des Sterbehelfers verlassen. Während Alice das Erleben der eigenen Freiheit und Autonomie einen Wert in ihrer Existenz erkennen ließ, ist es für John der bloße Akt des Sterbens selbst, der ihn seinen Blick dem Leben zuwenden lässt. Und während Alice anfing, einzelne Erlebnisse als einzigartige Momente zu erfahren, beginnt John alle Einzelheiten seines Lebens als Teile einer einzigartigen Lebensgeschichte zu begreifen. Unmittelbar vor seinem Tod beginnt er sein Leben als eine Geschichte wahrzunehmen, deren Existenz als solche ihm nun als etwas Wertvolles erscheint. John erzählt zufällige Ereignisse aus seinem Leben und je mehr er erzählt und damit das Diffuse zu einer bedeutungsvollen Ganzheit verwandelt, desto stärker wird ihm die Einzigartigkeit seines Lebens bewusst: »You maybe should tape this story. It's a good story. Maybe you can sell it later. Or at least take some notes. (…) I should be telling you every little thing. About Blackpool. About my life. I think, the uniqueness of a man's life lies in the details. (…) You know. To show you that my life is unique, I should be telling you everything.«[20]

Neben der narrativen Eigenschaft, in sich abgeschlossene Geschichten vom Leben zu erschaffen und dieses so mit Bedeutung zu füllen, wird damit das interpersonale Erzählen selbst relevant. Das performative Moment des wechselseitigen Erzählens und Zuhörens wird selbst zu einer Strategie, dem Erlebten Bedeutung beizumessen. Auch Lotte, Alices Mutter, die nach dem Tod ihrer Tochter selbst den Weg des Suizids wählt, ist auf das Erzählen ihrer Erlebnisse sowie die Interaktion mit einem Gegenüber angewiesen. Mit dem Tod ihrer Tochter erscheint ihr das Leben, von dem sie niemandem erzählen kann, sinnlos: »Natürlich könnte sie noch einige Dinge unternehmen, zu denen sie zuletzt keine Zeit gefunden habe. Natürlich könne sie wegfahren, Freunde treffen undsoweiter, und sie habe es auch versucht, habe Tagesreisen unternommen in die nähere Umgebung. Sei mit dem Bus auf die Kaiserhöhe gefahren, habe Kaffee getrunken, alles schön, alles gut. Sie sei ausgegangen, ins Theater, ins Konzert, aber sie habe nicht gewusst, was sie mit diesen ganzen Eindrücken anfangen sollte, zu Hause, mit sich alleine.«[21]

Der Moment, in dem das Leben der Figuren mit Wert besetzt wird, zeichnet sich so allererst durch Unvorhersehbarkeit und Kontingenz aus. Bärfuss' Figuren verkörpern Facetten der Diskussion um den begleiteten Suizid, deren Spektrum von einer völlig gesunden Person reicht, die entschlossen in den Tod geht (Lotte), über eine Figur, die im Prozess der Aufwertung ihres Lebens aus zweifelhafter Verpflichtung heraus ihr Leben beendet (Alice), bis hin zu einer Person, die trotz Schmerzen und der Entscheidung für einen Suizid einen biologischen Tod einem Suizid vorzieht (John). Die drei Fälle illustrieren zugleich die Unvorhersehbarkeit der faktischen Realisierung des begleiteten Suizids und machen damit eine grundlegende Skepsis gegenüber kategorischen Antworten zum eigentlich ethischen Anliegen. In jeder der Sterbensgeschichten erweist sich die Wertigkeit des Lebens als ein unvermitteltes und jeweils völlig divergierendes Moment. So führt die freie Verfügung über das eigene Leben in einem Fall zu dessen Aufwertung (Alice), in einem anderen zu dessen Verlust (Lotte). In einem Fall ist es das unmittelbare Erleben, das die Einzigartigkeit des Lebens fassen lässt (Alice), in einem anderen ist es die retrospektive Erzählung (John). Der begleitete Suizid erweist sich einmal als Rettung (Lotte), einmal als nicht rechtzeitig abgewendeter Übergriff (Alice) und ein drittes Mal als abwendbares Unheil (John).

Damit stellt das Stück die Unverfügbarkeit individueller Lebenswertzuschreibung dem Begriff von Würde entgegen, dessen normativer Charakter in Diskrepanz zu seiner semantischen Uneindeutigkeit steht, und antwortet mit der Frage nach dem Skandalon individueller Sterblichkeit auf die Idee einer institutionalisierten Sterbehilfe.

»Diese Konkretion empfinde ich als das wirklich Grausame«

1 Lukas Bärfuss: »Alices Reise in die Schweiz. Die Probe. Amygdala. Stücke«, Göttingen 2007. — **2** Vor allem in der Schweiz und in den Niederlanden, aber auch in Deutschland wird über Formen gesetzlich geregelter Sterbehilfe diskutiert. Seit November 2015 ist kommerziell organisierte Sterbehilfe in Deutschland verboten, vgl. https://www.bundestag.de/dokumente/textarchiv/2015/kw45_de_sterbebegleitung/392450 (Stand: 1.12.2017). Zur kontroversen Diskussion vgl. Caroline Welsh: »Sterbehilfe und Sterbebegleitung in gegenwärtiger Literatur und Medizin«, in: »Zeitschrift für Germanistik«, 25 (2015) H. 3, S. 499–513; Gerrit Hohendorf: »Der Tod als Erlösung vom Leiden: Geschichte und Ethik der Sterbehilfe seit dem Ende des 19. Jahrhunderts in Deutschland«, Göttingen 2013; Gerd Brudermüller/Wolfgang Marx/Konrad Schüttauf (Hg.): »Suizid und Sterbehilfe«, Würzburg 2003. — **3** Die Bedeutung des experimentellen Charakters im dramatischen Werk von Lukas Bärfuss wurde bereits mehrfach herausgestellt, vgl. Marie Gunreben: »Poetik des Experiments. Inszenierte Versuche in Lukas Bärfuss' ›Amygdala‹«, in: Marie Gunreben/Friedhelm Marx (Hg.): »Handlungsmuster der Gegenwart. Beiträge zum Werk von Lukas Bärfuss«, Würzburg 2017, S. 179–192. Im Interview mit der Dramaturgin Judith Gerstenberg unterstreicht Bärfuss die Bedeutung des Experiments für seine Stücke: »Am theatralen Experiment interessiert mich die Möglichkeit der gemeinsamen Erfahrung. Wir haben im Vortrag (…) gehört, dass die Erfahrung innerhalb eines Experiments eine künstliche ist, eine erzwungene. Tatsächlich suche ich diese erzwungene Erfahrung. Das Theater ermöglicht sie und eben nicht nur auf dem Papier.« Vgl. »Theater als Experiment und Erfahrung. Gespräch zwischen Judith Gerstenberg und Lukas Bärfuss«, in: ebd., S. 241–254, hier S. 241. — **4** Tatsächlich orientiert sich das Stück an Organisationen wie dem in der Schweiz ansässigen Verein »Dignitas«, der professionelle Hilfe beim Suizid anbietet und in den letzten beiden Jahrzehnten zu regelrechtem Sterbetourismus aus diversen Ländern Europas in die Schweiz führte. Vgl. Hans Brandt: »Schweiz wird attraktiver für Sterbetouristen«, in: »Tages-Anzeiger«, 7.11.2015; Jürgen Dunsch: »Genug vom ›Sterbetourismus‹«, in: »Frankfurter Allgemeine Zeitung«, 2.11.2009; Frank Mathwig: »Luxus Sterben? Zur aktuellen Kontroverse um Suizidhilfe und Sterbebegleitung«, Vortrag gehalten in Dietlikon am 29.6.2009. http://www.kirchenbund.ch/sites/default/files/media/pdf/mitarbeiter/Mathwig/Luxus-Sterben.pdf (Stand: 1.12.2017). Zugleich verweist der Titel aber auch auf die merkwürdige Reise der Alice in Lewis Carrolls Kinderbuch aus dem Jahr 1865 »Alice's Adventures in Wonderland«, in dem vertraute Gedankengänge durch einen Paradigmenwechsel in einem neuem Blickwinkel erscheinen und dabei die im Alltag ins Diffuse verwischte Problematik geschärft und kontrastiert zum Ausdruck bringen. Lewis Carroll: »Alice's Adventures in Wonderland. With fortytwo illustrations by John Tenniel«, London 1861. — **5** Was als existenzialistische Position seit Albert Camus die Auseinandersetzung mit dem Selbstmordgedanken prägt – die Abwesenheit von Sinn, die nicht im Suizid, sondern gerade in der Entscheidung für das Leben ihre adäquate Reaktion findet –, steht den hier auf den ersten Blick vertretenen Positionen entgegen und wird erst bei einer genaueren Analyse der Charaktere deutlich. Vgl. hierzu ausführlich: Marta Famula: »Experimente der Sinngebung. Lukas Bärfuss' ›Alices Reise in die Schweiz‹ und die ethisch-existenzielle Herausforderung im 21. Jahrhundert«, in: Paul Martin Langner/Agata Mirecka (Hg.): »Tendenzen der zeitgenössischen Dramatik«, Frankfurt/M. 2015, S. 63–76. — **6** Gespräch zwischen Judith Gerstenberg und Lukas Bärfuss, a. a. O., S. 246. — **7** Damit wird das Stück als Beitrag zur Debatte um narrative Ethik lesbar, zeigt es doch einen essenziellen Aspekt der Problematik auf, die durch den abstrakten Charakter der theoretischen Diskussion nur bedingt erfasst werden kann: die Dimension des ganz konkreten Erlebens. Damit visualisiert es jenes Phänomen, das im Kontext der Diskussion um narrative Ethik immer wieder verhandelt wird, vgl. etwa Martha C. Nussbaum: »Literature and Ethical Theory: Allies or Adversaries?«, in: »Frame. Journal of Literary Studies«, 17 (2003), H. 1, S. 6–30. — **8** Bärfuss: »Alices Reise in die Schweiz«, a. a. O., S. 15. Zur Bedeutung von Schillers Drama »Wilhelm Tell« für das Schweizerische Heldenverständnis vgl. Heinrich Mettler/Heinz Lippuner (Hg.):»›Tell‹ und die Schweiz – die Schweiz und ›Tell‹. Ein Schulbeispiel für die Wirkkraft von Schillers ›Wilhelm Tell‹, ihre Voraussetzungen und Folgen«, Thalwil, Zürich 1982. — **9** Caroline Welsh verweist auf die Homepage der Sterbehilfeorganisation »Dignitas«, auf der eine ganz distinkte Einstellung zum Sterben vertreten wird, die hier durch die Stimme einer Seniorenrockband in einem Brief vom 21. Januar 2014 zum Ausdruck gebracht wird: »Wir finden es sehr gut, dass Sie Menschen dabei helfen, ihr Leben würdevoll und selbstbestimmt zu beenden. Genau das wünschen wir für uns auch«, vgl. Welsh, a.a.O., S. 503. — **10** Bärfuss: »Alices Reise in die Schweiz«, a.a.O., S. 13. — **11** Vgl. Friedrich Schiller: »Über Anmut und Würde«, in: »Schillers Werke. Nationalausgabe«, Bd. 20: »Philosophische Schriften. Erster Teil«, Weimar 1962, S. 251–308. — **12** »Historisches Wörterbuch der Philosophie«, Bd. 5, Sp. 1126. — **13** Vgl. Joachim Scholl: »Sterbehilfe auch für Gesunde? Autor Lukas Bärfuss kritisiert niederländische Initiative«, in: »Deutschlandfunk Kultur«, 24.6.2010. http://www.deutschlandradiokultur.de/sterbehilfe-auch-fuer-gesunde.954.de.html?dram:article_id=145391 (Stand: 1.12.2017). — **14** In dieser Interpretation scheinen sich die Premierenkritiker einig, so schreibt Alfred Schlienger: »Kein verantwortungsbewusster Arzt, kein gesunder, wacher Mensch würde eine solche Person in den Tod begleiten wollen«, vgl. Alfred Schlienger: »Beim Sterben helfen? ›Alices Reise in die Schweiz‹ von Lukas Bärfuss in Basel uraufgeführt«, in: »Neue Zürcher Zeitung«, 7.3.2005; oder Karin Frohnmeyer, die Stroms »Selbstverliebtheit« und »Allmachtsphantasien« beschreibt, vgl. Karin Frohnmeyer: »›Doktor Tod‹ verkauft seine Argumente wie ein Autohändler«, in: »Ärztezeitung«, 17.3.2006. — **15** Bärfuss: »Alices Reise in die Schweiz«, a.a.O., S. 47. — **16** Ebd., S. 39f. — **17** Ebd., S. 23. — **18** Ebd., S. 31. — **19** Ebd., S. 48. — **20** Ebd., S. 30. — **21** Ebd., S. 52–53.

Ralph Müller

Essayistische Tugenden bei Lukas Bärfuss

Die Titel von Lukas Bärfuss' Essaybänden sparen nicht mit großformatigen Stichworten: »Stil und Moral« (2015) oder »Krieg und Liebe« (2018). Wie spannungsreich diese Begriffspaare sind, belegt Bärfuss anhand von ›Stil‹ und ›Moral‹ im gleichnamigen Essay.[1] »Stil und Moral«, so lautet die Grundthese, sind unvereinbar. Die These führt den Essay in einen performativen Widerspruch: Wenn die »apathische«, also an äußeren Dingen teilnahmslose und vor allem tatenlose Lektüre kulturkritischer Essays »moralisch nicht zu rechtfertigen«[2] ist, dann bleibt – konsequent zu Ende gedacht – nur noch der Abbruch eines Schreibens übrig, das diese Lektüre bedient. Tatsächlich endet der Essay mit dieser Konsequenz und damit gleichzeitig der ganze Band. Bleibt die Frage, auf welche Weise man einen Essay ernst nehmen kann, der nicht nur seine eigene Überflüssigkeit begründet, sondern überhaupt jede Tätigkeit kritisiert, die nicht direkt das Unglück in der Welt reduziert. Zumal gerade dieser Essay nicht nur kulturkritisch im Inhalt, sondern zugleich bildungsbürgerlich anspielungssatt formuliert ist. Explizit erwähnt werden in alphabetischer Reihenfolge Aischylos, Flaubert, Goethe, Goya, Gottfried Keller, Vladimir Nabokov, Pablo Picasso, Rainer Maria Rilke, Sophokles, Tizian – Thomas Mann, Joyce und Tolstoi sind durch die Nennung ihrer bekanntesten Werke vertreten. Die kulturkritische Anklage wird durch den Stil des Essays hintergangen. Dieser Widerspruch zwischen dem kritischen Inhalt und der stilistischen Affirmation der Form kann zwar nicht aufgelöst, aber immerhin aufgrund eines intrikaten Verhältnisses zwischen der Äußerungsinstanz des Essays und dem Autor erklärt werden. Das gelehrte *namedropping* geschieht in einem hypothetischen Streitgespräch, das etwa die zweite Hälfte des Essays umfasst. In diesem Streitgespräch nehmen die angesprochenen »Lesenden« zunehmend ein Eigenleben von fiktiven Figuren an. Sie »argumentieren«[3] mit Gemeinplätzen über den Nutzen der Literatur, sie bringen »aus den hinteren Reihen« (eines Theatersaals?) Einwände gegen die Thesen des Essays vor,[4] »winseln«[5] gar. Jedoch vergebens: Die Äußerungsinstanz begründet souverän die vagen Argumente der Lesenden mit konkreten Beispielen aus der Literatur- und Kulturgeschichte, um dann aber deren lebenspraktische Nutzlosigkeit herzuleiten: »Kunst ruft zur Kunst auf«,[6] aber nicht zur Veränderung.

Die Äußerungsinstanz bedient sich der üblichen Strategien gelehrter Essays und präsentiert sich (und somit den Autor) als Mitglied derjenigen

Gesellschaftsgruppe, die über ein umfassendes Vermögen von gelehrten Anspielungen verfügt. Mit anderen Worten: Bärfuss demonstriert als Autor des Essays seine Bildung, durch die er sich den Luxus des Stils leisten kann. Er erkennt, wie er selbst den Stil definiert, nicht nur die »Ansprüche einer bestimmten Situation«, er ist zudem in der Lage, diese Ansprüche in einer ebenso interessanten Art zu ignorieren. Demgegenüber schaffen das Ignorieren aus Borniertheit oder der Verzicht aus Mangel keinen Stil. Ebendiese Problematik wird mit einer Anekdote illustriert, die den Essay einleitet. Der Text »Stil und Moral«, so behauptet die Äußerungsinstanz, hätte ein »gescheiter, stilistisch fein ziselierter kleiner Essay« werden sollen, »eine kulturkritische Erörterung mit wenigen ausgewählten und überraschenden Zitaten aus der Literaturgeschichte ohne den üblichen Bildungsballast«.[7] Dann aber intervenierte angeblich die Realität durch die Begegnung mit einer Skifahrerin, deren auffällig unmodische Kleidung nicht auf eine stilistische Wahl, sondern auf materiellen Mangel zurückzuführen war. Ob der Bericht auf einem tatsächlichen Erlebnis beruht? Die Form der Anekdote setzt sowieso das Beispielhaft-Kennzeichnende über die Faktentreue. Entscheidend ist die Erkenntnis, dass Stil Kapital (finanziell oder kulturell) voraussetzt.

Die erzählte Wende zum Anti-Essay geschieht dennoch in einem mit Bildungsfrüchten luxurierenden Stil. Zudem hat Bärfuss nach diesem Essay seinen Schriftstellerberuf nicht aufgegeben, um sich etwa in der Entwicklungshilfe oder sozialen Arbeit zu engagieren. Man könnte sagen, Bärfuss lässt die Äußerungsinstanz eine These im Rahmen eines Denkexperiments erproben. Im Zuge dieses Experiments wird mit einem argumentativen Ausflug durch den Bildungskanon, also mit stilistischen Mitteln des traditionellen Essays, ein grundlegender Zweifel an der nützlichen Wirkung von Literatur behauptet. Doch dieser Zweifel betrifft bei näherem Hinsehen nicht die Disposition von Literatur, das Bewusstsein der Lesenden zu beeinflussen. Vielmehr wird ihre Fähigkeit angezweifelt, eine tätige Verbesserung der Welt anzuleiten. So macht der Essay auf diese Weise seine Lesenden (also uns) nachdrücklich darauf aufmerksam, dass die selbstgenügsame Lektüre keine moralische Haltung ergibt. Gewissermaßen ruft die resignative Haltung des Essays perlokutionär zum Widerspruch durch Handeln auf und drückt damit eine Hoffnung auf Verbesserung aus.

Die Wirkung einer essayistischen Reflexion ist auch relevant für das übrige Werk von Bärfuss. So trifft man beim Lesen eines fiktionalen Bärfuss-Romans bisweilen auf Essayartiges. Über den 2014 erschienenen Roman »Koala« schimpfte ein Rezensent, es sei ein »Essay, der uns als ›Roman‹ verkauft werden soll«.[8] Im drei Jahre später erschienenen Roman »Hagard« ergeht sich der Erzähler in essayistischen Reflexionen darüber, dass jede Epoche von einem Werkzeug abhängig sei: »Die industrielle Revolution ist gleich der Dampfmaschine, die Aufklärung brauchte den Setzkasten, und auch meine Zeit hing an einem Gerät«[9]. Dieses Gerät ist aber nicht, wie man vielleicht erwarten würde, das Mobiltelefon selbst, sondern das Netzteil für die Stromversorgung. Damit wird ein Gerät erzählökonomisch für den Plot des Romans funktionalisiert, der nicht unwesentlich davon abhängt, dass der Akku eines Mobiltelefons leerläuft. Die fiktionale Verwertung der essayistischen Reflexion geht aber den entgegengesetzten Weg als der Essay »Stil und Moral«. Während im Essay die Äußerungsinstanz eine provokante These in die Gegenwart des Autors setzt und dort durchprobiert, nimmt der Erzähler von »Hagard« eine zeitkritische Beobachtung und transportiert diese in die fiktive Welt, wobei der Erzähler im Präteritum die objektive Haltung eines rückblickenden Historikers simuliert. Die zeitkritische Beobachtung wird im Roman funktionalisiert, um auf diesem Wege die fiktive Handlung zu motivieren und sinnhaft aufzuladen.

Wenn Essayistisches auch im Modus der Fiktionalität auftaucht, dann erschöpft sich hier die Gattung des Essays nicht in formalen Merkmalen des Stils wie (Nicht-)Erzählen oder (Nicht-)Fiktionalität.[10] Man spricht bei einem erweiterten Verständnis des Essays häufig von »Essayismus«[11] und meint damit weniger eine nicht-fiktionale Gattung, sondern eher ein Erkenntnisverfahren. Man könnte »Essayismus« auch als »Schreibweise«[12] betrachten, die ihre Spuren in zahlreichen (insbesondere fiktionalen) Gattungen und medialen Erscheinungsformen hinterlassen kann. Die Auseinandersetzung mit der produktiven Rolle des Essayismus im fiktionalen Werk von Bärfuss ist fraglos ein lohnender Untersuchungsgegenstand. Allerdings stehen hier die Texte im Vordergrund, die tatsächlich in den Kontext des ›Essays‹ gestellt wurden. Damit kommt gegenüber dem Essayismus doch eine Gattung in den Blick, die zwar schwierig zu definieren ist, aber nicht zuletzt in der Schweizer Literaturgeschichte auf eine reiche Tradition zurückblicken kann. In diesem Zusammenhang können kursorisch etwa die engagierten und kulturkritischen Texte von Carl Spitteler, Max Frisch und Friedrich Dürrenmatt, aber auch die bemerkenswerte Personalunion von Essayist und Essayforscher bei Dieter Bachmann[13] erwähnt werden. Gegebenenfalls lässt sich die Reihe ins Journalistische und Feuilletonistische verlängern (zum Beispiel Robert Walser, Annemarie Schwarzenbach, Hugo Loetscher usf.). Bärfuss knüpft in seinem Essayband »Stil und Moral« in unterschiedlicher Weise an diese Traditionen an. Insgesamt herrschen in den Essaybänden »Stil und Moral« sowie »Krieg und Liebe« literaturkritische Essays zu Dramatikern und Romanautoren vor. Insbesondere fällt aber auf, wie häufig Beiträge aus »Stil und Moral« auf biografische Erfahrungen von Bärfuss zurückgreifen. So wie in »Koala« der Selbstmord des Bruders eine biografische Keimzelle des Romans legt,[14] beginnen erstaunlich viele Essays mit persönlichen Anekdoten: Eine Auseinandersetzung

zung mit einer Tschechow-Aufführung wird konkurrenziert vom penetranten Knoblauchgeruch einer Zuschauerin;[15] ein Beitrag zu Robert Walser stellt die schockartige Erkenntnis ins Zentrum, die Bärfuss 1994 angeblich bei der Walser-Lektüre zwischen Biel und Bern erfuhr (also ausgerechnet zwischen den zwei wichtigsten Schaffensorten Walsers in der Schweiz).[16] In einem weiteren Essay bietet die Beschäftigung mit Kleist den Anlass zur Engführung mit der Biografie des Vaters.[17] Und nicht zuletzt wäre da die bereits erwähnte Anekdote mit der Skifahrerin in »Stil und Moral«, die ebenfalls als zufälliges und marginales, wenn auch literarisch folgenschweres persönliches Erlebnis ausgegeben wird. Dieses Persönlich-Biografische ist jeweils schlecht belegt. Im zweiten Essayband führt der Text »Safety First« einen nicht näher bezeichneten »angeheirateten Onkel« ein, der zur Sicherheit von Kernkraftwerken eine moralisch zweifelhafte Haltung zum Ausdruck bringt. Aber gibt es diesen Onkel? Die »Schwester« des Autors bezeichnet ihn im Essay als Erfindung,[18] doch ist ihre Existenz nicht weniger zweifelhaft, schließlich geht es in diesem Essay vor allem um den Unterschied zwischen Lügen und guten Geschichten. Man kann also diese Rückgriffe auf mehr oder weniger belegte Anekdoten als eine Schreibstrategie betrachten. Mit Blick auf das Gesamtwerk von Bärfuss wird in dieser Strategie ein Interesse an der Grenze zwischen biografischer Erfahrung und literarischer Fiktion sichtbar.[19] Wenn dabei die beruhigende Grenze zwischen fiktionalem Ereignis und faktualer These eingeebnet wird, lässt sich hier ein Programm einer *littérature engagée* erkennen.

Ein engagierter Anspruch auf soziale Wirkung kommt unter anderem in einem Essay zum Ausdruck, der Bärfuss vermutlich mehr mediale Präsenz in der Schweiz beschert hat als seine Romane. Anlässlich der Schweizer Parlamentswahlen 2015 veröffentlichte er in der »Frankfurter Allgemeinen Zeitung« einen ›Warnruf‹ mit dem Titel »Die Schweiz ist des Wahnsinns«.[20] Das Stichwort »Wahnsinn« spielt auf eine damalige Sammelaktion einer Lebensmittelkette an, die mit dem Slogan »Suisse Mania« Kunden mit Miniaturmodellen von Schweizer Sehenswürdigkeiten belohnte. Der Essay stellt dies als Symptom einer psychotischen Störung – einer Manie – dar: »Zerrüttet von den globalen Stürmen, sucht das Land Halt in nationalen Monumenten, die mittlerweile auf Miniaturgröße geschrumpft sind, als Beifang des täglichen Konsums kostenlos abgegeben werden und problemlos in die persönliche Nippessammlung passen.«[21]

Wenig Gutes findet Bärfuss an der Schweiz am Vorabend der Wahlen: Die direkte Demokratie produziert problematische Entscheidungen wie die Annahme der Initiative gegen Masseneinwanderung im Vorjahr; die Gewerkschaften und Linken hätten noch nicht gemerkt, »dass sie vom Melker zur Kuh geworden sind« und so fort.[22] Die Vorwürfe sind zum Teil ebenso spezifisch wie für Nicht-Eingeweihte schwer durchschaubar, da die

Fakten kaum ausgeführt werden: »Im Schweizer Fernsehen« müsse sich ein »Moderator zur besten Sendezeit (…) antisemitisch angehen lassen«, und die »größte Partei der Schweiz« – das ist die rechtskonservative Schweizerische Volkspartei SVP – mache »mit Nazisymbolen Werbung«.[23] Aber eine Schriftstellerin, deren Namen Bärfuss ebenfalls verschweigt, werde dafür attackiert, dass sie »darauf hingewiesen hat, dass die Ziffernfolge ›88‹, die in diesem Wahlclip präsentiert wird, unter Nazis als Chiffre für ›Heil Hitler‹ steht.« Vermutlich wäre das deutsche Publikum der »Frankfurter Allgemeinen« schon 2015 auf klärende Fußnoten angewiesen gewesen, um etwa den in einer Sendung antisemitisch angepöbelten Moderator Roger Schawinski,[24] den Wahlwerbespot »Welcome to SVP«[25] oder die Schriftstellerin und Kabarettistin Stefanie Grob zu erkennen.[26] Und vielleicht fällt es einem deutschen Publikum schwer zu glauben, dass Roger Schawinski in der Öffentlichkeit hauptsächlich für ungeschickte Gesprächsführung kritisiert wurde, die SVP sich hingegen nicht dafür entschuldigen musste, dass in ihrem Wahlwerbesong eine Tänzerin ihre Brust mit einer großen 88 ins Bild reckt, die prominenten Parteimitglieder wenig dezent im Hintergrund.

Die Art, wie Bärfuss in diesen Beispielen auf Aktualitäten Bezug nimmt, ist charakteristisch für den ganzen Beitrag. Personen und Ereignisse werden kaum mit Namen genannt. Christoph Blocher ist der einzige namentlich erwähnte Schweizer Zeitgenosse. Und dennoch werden Persönlichkeiten aus Politik und Kultur in diesem Essay direkt angegriffen. Die Personalie des im Oktober 2015 noch designierten Chefs des Feuilletons der »Neuen Zürcher Zeitung« – René Scheu, auch dieser Name wird nicht genannt – stellt Bärfuss in den Zusammenhang eines »Durchmarsch(s) der Rechten« in den Medien.[27] Noch am Tag nach der Veröffentlichung von Bärfuss' Essay in der »Frankfurter Allgemeinen Zeitung« äußerte Roman Bucheli, Verantwortlicher des Literaturfeuilletons der »Neuen Zürcher Zeitung«, Begeisterung über den literarischen Ereignischarakter, da Bärfuss »Kleinholz aus der Schweiz« mache mit einem »furiosen Rundumschlag in bester Frisch-Manier der sechziger und siebziger Jahre«.[28] Solche Begeisterung wurde aber von Buchelis angehendem Chef Scheu in der »offenen Antwort in Briefform« gerügt: Reflexartig habe die Kulturberichterstattung von einer »Brandrede im besten Frisch-Stil« gesprochen.[29] Auch Buchelis zweite Stellungnahme enthält bereits die wichtigsten Elemente der medialen Ablehnung von Bärfuss' Warnruf. Zum einen wird Bärfuss Anmaßung vorgeworfen. Hierfür hatte die Redaktion der »Frankfurter Allgemeinen« auch eine wunderbare Steilvorlage geliefert, da der letzte Satz des Leads »Niemand empört sich – nur ich« eine reichlich narzisstische Haltung suggerierte.[30] Bucheli sagte Bärfuss insbesondere »Ambitionen« auf die seit dem Tod von Frisch und Dürrenmatt vakante »Planstelle des kritischen Intellektuellen und selbsternannten Gewissens der Nation« nach, wobei auch diese Überväter nur noch nörgelnde »Rollenprosa« verfertigt hätten. Zum anderen wurde die Qualität und Angemessenheit von Bärfuss' Analyse der Schweiz angezweifelt: Es handle sich um einen »sprachlich wie gedanklich schwachen Text«. Guido Kalberer, Verantwortlicher für Kultur beim Zürcher »Tages-Anzeiger«, machte sich die Mühe, die Ungenauigkeiten aufzuzählen und brachte immerhin begründete Zweifel gegen Bärfuss' Behauptungen zu einem angeblich schlechten OECD-Ranking der Schweiz vor.[31] Auch diese Entgegnung kam nicht aus neutraler Perspektive. Bärfuss hatte im selben Essay dem »Tages-Anzeiger« eine neoliberale Gewinnorientierung vorgeworfen und Kalberer persönlich (wenn auch hier wieder ungenannt) dafür kritisiert, dass er sich öffentlich für eine Kürzung der Subventionen des Theaters am Neumarkt ausgesprochen hatte.

Mehrere Aspekte können anhand dieses knappen Überblicks von Reaktionen aufgezeigt werden. Bärfuss' Essay bezieht sich bei aller Vagheit auf wiedererkennbare Personen, Daten und Ereignisse. Er legt sich dabei insbesondere mit wichtigen Schweizer Zeitungen und politischen Kräften an. Während Bärfuss' Warnruf in den sozialen Medien breit gestreut wurde, reagierten die angegriffenen Medien begreiflicherweise kritisch. Sofern seine Vorwürfe nicht pauschal zurückgewiesen wurden, waren es vor allem persönliche Angriffe und Ungenauigkeiten, die beantwortet wurden, wohingegen Zustimmung marginal blieb.[32] Erst in den Online-Kommentaren wird die Irritation explizit gemacht, dass Bärfuss nicht in der Schweiz, sondern in einer renommierten deutschen Tageszeitung publizierte, die ebenfalls zum bürgerlichen Lager zu rechnen ist.

Nur am Rand der Debatte wird diskutiert, ob die häufig vorgenommene Gattungszuweisung »Essay«[33] für Bärfuss' Beitrag überhaupt angemessen ist. Man findet alternative Bezeichnungen wie »Philippika«,[34] »Jeremiade«[35] oder »Polemik«.[36] Diese Bezeichnungen erinnern daran, dass der Beitrag nicht, wie dies etwa Musil im »Mann ohne Eigenschaften« dem Essay zuschrieb, »in der Folge seiner Abschnitte ein Ding von vielen Seiten nimmt, ohne es ganz zu erfassen«,[37] sondern anstelle eines unsicheren Wissens eine ideologisch perspektivierte Sichtweise auf die Schweiz entwirft, die frei von selbstquälerischen Zweifeln ist. Hier eröffnet sich die Frage der umstrittenen Essay-Definition. Versucht man der alltagssprachlichen vagen Verwendung eine genauere Begriffspräzisierung gegenüberzustellen, die etwa die Gattung »Essay« von Nachbargattungen wie Feuilleton oder Abhandlung abgrenzt,[38] dann wird man Schwierigkeiten haben, Bärfuss' ›tendenziösen‹ Beitrag in der »Frankfurter Allgemeinen Zeitung« als Essay zu betrachten. Der Text eines literarischen Generalisten mit engagierter Haltung, aber ohne spezifische politische Expertise ist jedoch vereinbar mit einem erweiterten Verständnis von »Essay« als Prosaform ›reflektierter Erfahrung in freiem verständlichem Stil‹.[39] Man findet beim näheren Hinsehen nicht nur zeitabhängige Referenzen, sondern auch literatur-ästhetische Strukturen wie Motivwiederholung (Wahnsinn), Alliterationen, literarische Anspielungen und vor allem Ironie (»Ein Volk von Zwergen will man hierzulande sein« verkehrt ironisch den Schwur »Wir wollen sein ein einzig Volk von Brüdern« in Schillers »Tell«). Im Falle des Essays »Die Schweiz ist des Wahnsinns« scheint es deshalb angemessen von der Haltung eines Satirikers zu sprechen, der die »ästhetisch sozialisierte Aggression«[40] nicht unter der Horaz'schen Prämisse ›lachend die Wahrheit sagen‹ ausübt. Bärfuss' übernimmt die Rolle des Strafpredigers,[41] der aus dem Ausland zur schrumpfenden links-progressiven Gemeinde in der Schweiz redet. Damit fällt der Essay »Die Schweiz ist des Wahnsinns« aus dem Rahmen seiner im Übrigen eher moderat kulturkritischen Essays. Umso deutlicher wird der Anspruch, Stellung zur Realität zu nehmen. Mit Bezug auf die Grundthese von »Stil und Moral« zeigt sich hier die poetische Forderung, die Texte auf ihren Realitätsgehalt zu prüfen, damit Stil mit Moral möglich wird. Die eidgenössischen Wahlen von 2015 führten dennoch zu dem prognostizierten Rechtsrutsch.

1 Vgl. »Stil und Moral«, in: Lukas Bärfuss: »Stil und Moral. Essays«, 4. Aufl., Göttingen 2015. Der Essay ist eine leicht überarbeitete Fassung eines Textes, der vorher veröffentlicht wurde unter Lukas Bärfuss: »Können Kunstwerke die Welt verbessern? Über Stil und Moral«, in: »Stuttgarter Zeitung«, 3.9.2009, S. 25 und Lukas Bärfuss: »Stil und Moral«, in: Florian Höllerer / Tim Schleider (Hg.): »Zur Zeit«, Göttingen 2010, S. 163–170. — **2** Bärfuss: »Stil und Moral«, a. a. O., S. 229. — **3** Ebd., S. 225. — **4** Ebd., S. 226. — **5** Ebd., S. 227. — **6** Ebd., S. 228. — **7** Ebd., S. 221. — **8** Jens Bisky: »Von einem Tier, das mit Gefahren nicht rechnete«, in: »Süddeutsche Zeitung«, 24.4.2014. — **9** Lukas Bärfuss: »Hagard. Roman«, Göttingen 2017, S. 21. — **10** Vgl. noch Klaus Weissenberger: »Der Essay«, in: Klaus Weissenberger (Hg.): »Prosakunst ohne Erzählen. Die Gattungen der nicht-fiktionalen Kunstprosa«, Tübingen 1985, S. 104–124. — **11** Vgl. hierzu etwa den Versuch, essayistische Passagen in fiktionalen Werken zu definieren bei Benjamin Gittel: »Essayismus als Fiktionalisierung von unsicherem Wissen prozessierender Reflexion«, in: »Scientia Poetica«, 19 (2015), S. 136–171. — **12** Peter V. Zima: »Essay/Essayismus. Zum theoretischen Potenzial des Essays. Von Montaigne bis zur Postmoderne«, Würzburg 2012, S. 7 f. — **13** Vgl. Dieter Bachmann: »Essay und Essayismus«, Stuttgart 1969. — **14** Lukas Bärfuss: »Koala. Roman«, Göttingen 2014. — **15** Vgl. »Die zwölfte Replik. Zu Anton Tschechows ›Drei Schwestern‹«, in: Bärfuss: »Stil und Moral«, a. a. O., S. 45–53. — **16** »Der Augenblick der Sprache. Zu Robert Walsers ›Räuber‹-Roman«, ebd., S. 54–59. — **17** »Der Ort der Dichtung. Zu Heinrich von Kleist«, ebd., S. 108–130. — **18** »Safety First. Oder etwas über die Lüge«, in: Lukas Bärfuss: »Krieg und Liebe«, Göttingen 2018, S. 126–131. — **19** Zu den theoretischen Implikationen und Abgrenzungen vgl. den Beitrag von Victor Lindblom in diesem Band. — **20** Lukas Bärfuss: »Die Schweiz ist des Wahnsinns«, in: »Frankfurter Allgemeine Zeitung« 15.10.2015, S. 9. Im Folgenden zitiert nach Lukas Bärfuss: »Suissemania oder die Schweiz ist des Wahnsinns«, in: Bärfuss: »Krieg und Liebe«, a. a. O., S. 263–271. — **21** Ebd., S. 263 f. — **22** Ebd., S. 265. — **23** Ebd., S. 270 f. — **24** Vgl. die Sendung »Schawinski« vom 15.12.2014, https://www.youtube.com/watch?v=Yr_D7lkS5xE (letzter Zugriff am 15.11.2017). — **25** Vgl. den Clip »Welcome to SVP«, https://www.youtube.com/

watch?v=ysYg6sWD8B4 (letzter Zugriff am 15.11.2017). — **26** Vgl. den Schlussbericht der Ombudsstelle zur Satiresendung »zytlupe« von Stefanie Grob vom 19.9.2015, https://www.srgd.ch/de/aktuelles/2015/10/23/satiresendung-zytlupe-uber-landeshymne-und-svp-wahlkampfsong-beanstandet-teil-i/ (letzter Zugriff am 15.11.2017). — **27** Bärfuss: »Die Schweiz ist des Wahnsinns«, a.a.O., S. 9. — **28** Roman Bucheli: »Erzählen, leichtgemacht«, in: »Neue Zürcher Zeitung«, 16.10.2015, S. 37. — **29** Vgl. René Scheu: »Gegen den bösen Feind ist jedes rhetorische Mittel legitim …«, in: »Neue Zürcher Zeitung«, 19.10.2015, S. 47. — **30** Vgl. Bärfuss: »Die Schweiz ist des Wahnsinns«, a.a.O. S. 9. Der letzte Satz des Redaktionsleads wurde bereits in der Internetpublikation zu »Es ist empörend« gekürzt: Bärfuss: »Die Schweiz ist des Wahnsinns«, http://www.faz.net/aktuell/feuilleton/buecher/lage-in-der-schweiz-vor-parlamentswahlen-2015-trostlos-13856819.html (letzter Zugriff am 15.11.2017). — **31** Vgl. Guido Kalberer: »Zu viel Moral hemmt die Erkenntnis«, in: »Tages-Anzeiger«, 16.10.2015, S. 11. — **32** Zum Beispiel den »offene(n) Brief« des Schriftstellers Pedro Lenz in der »Aargauerzeitung« vom 16.10.2015, https://www.aargauerzeitung.ch/kultur/schriftsteller-pedro-lenz-zu-wutschreiber-lukas-baerfuss-ich-warne-dich-129648374 (letzter Zugriff am 15.11.2017). In seltenen Fällen geht Bärfuss' Kritik noch zu wenig weit, vgl. zum Beispiel den Theaterregisseur Milo Rau: »Ich bin auch nur ein Arschloch!«, in: »Sonntagszeitung«, 27.12.2015, S. 55. — **33** Zum Beispiel Scheu: »Gegen den bösen Feind ist jedes rhetorische Mittel legitim …«, in: »Neue Zürcher Zeitung«, 19.10.2015, S. 47 und Peter Schneider: »Sind wir Schweizer Zwerge oder nicht?«, in: »Tages-Anzeiger«, 11.11.2015, S. 31. — **34** Vgl. Schneider, a.a.O. — **35** Vgl. Roman Bucheli: »Die Verachtung des Missionars«, in: »Neue Zürcher Zeitung«, 17.10.2015, S. 15. — **36** Vgl. Oliver Zimmer: »Im Wahrheitsrausch«, ebd. 17.10.2015. — **37** Robert Musil: »Der Mann ohne Eigenschaften«, hg. von Adolf Frisé, Reinbek 1978, S. 250. — **38** Vgl. z.B. Gerhard Haas: »Essay«, Stuttgart 1969, S. 61–69. — **39** Heinz Schlaffer: »Essay«, in: Harald Fricke u.a. (Hg.)· »Reallexikon der deutschen Literaturwissenschaft«, Bd. 1, Berlin 1997, S. 522–525. — **40** Zu dieser Kurzformel vgl. Jürgen Brummack: »Zu Begriff und Theorie der Satire«, in: »Deutsche Vierteljahrsschrift für Literaturwissenschaft und Geistesgeschichte. Sonderheft Forschungsreferate«, 45 (1971), S. 275–377, hier S. 282. — **41** Vgl. Jörg Schönert: »Theorie der (literarischen) Satire: ein funktionales Modell zur Beschreibung von Textstruktur und kommunikativer Wirkung«, in: »Textpraxis. Digitales Journal für Philologie«, (2011) Nr. 2, S. 1–42, hier S. 38.

Anke Detken

Ästhetik der Verantwortlichkeit
Laudatio auf Lukas Bärfuss anlässlich der Lichtenberg-Poetikdozentur Göttingen[1]

»Kunst ruft zur Kunst auf, und wer einen Roman zu Ende gelesen hat, fragt sich nicht, wie er die Welt verändern kann, sondern welches Buch er als nächstes lesen soll.«[2] – so heißt es in dem programmatischen Essay »Stil und Moral« von Lukas Bärfuss. Freilich polemisiert der Autor hier mit einer ganz bestimmen Absicht, auf die ich zurückkommen werde. Erst einmal aber möchte ich mir Lukas Bärfuss unter diesem Aspekt anschauen. Ich nehme ihn jetzt also beim Wort und gehe dem Gedanken nach, inwiefern dieser Satz auf sein eigenes Werk angewendet werden kann.

Gleich sein erster, 2008 erschienener Roman »Hundert Tage« hat heftige und gegensätzliche Reaktionen hervorgerufen. Die einen hielten das Buch für missglückt: Bärfuss hätte besser eine Reportage schreiben sollen.[3] Die anderen lobten den Roman, da er sich mit der Entwicklungshilfe und der kritischen Debatte über sie auseinandersetze, gleichzeitig aber »mehr als das« sei.[4] In all diesen Einschätzungen geht es um die Frage, wie engagiert Literatur sein darf oder sollte und wie stark sie sich in aktuelle politische Debatten einmischen darf.

»Hundert Tage« befasst sich mit dem Genozid in Ruanda im Jahr 1994 und der Roman übt deutliche Kritik an der Entwicklungshilfe generell und dem Verhalten der Schweiz im Besonderen. Am Beispiel des Entwicklungshelfers David Hohl, der nach Ruanda gegangen war, um den Menschen zu helfen, zeigt der Roman, wie auch der, der Gutes will – Hohl hatte »an das Gute geglaubt«[5] –, Böses tun kann. Zudem spart der Roman nicht mit Kritik am eigenen Land. So stellt Hohl fest: »Unser Glück war immer, dass bei jedem Verbrechen, an dem je ein Schweizer beteiligt war, ein noch größerer Schurke seine Finger im Spiel hatte, der alle Aufmerksamkeit auf sich zog und hinter dem wir uns verstecken konnten. Nein, wir gehören nicht zu denen, die Blutbäder anrichten. Das tun andere. Wir schwimmen darin. Und wir wissen genau, wie man sich bewegen muss, um obenauf zu bleiben und nicht in der roten Soße unterzugehen.«[6]

Wer diese Passage gelesen hat, befindet sich auf der letzten Seite des Romans, und es folgt keine versöhnliche Schlusswendung. Wer das Buch gelesen hat, der wird sich vermutlich über politische Verantwortung und Zusammenhänge zwischen Industriestaaten und sogenannten Entwicklungsländern Gedanken machen, da ihm diese Zusammenhänge so bisher kaum vor Augen geführt wurden. Er wird nicht den Eindruck haben, hier rufe Kunst (nur) zur Kunst auf. Er wird sehr wahrscheinlich kaum einfach zur Tagesordnung übergehen und nicht leichtfertig zum nächsten Buch greifen.

In dem Roman »Koala«, der im Jahr 2014 erschienen ist, muss sich der Ich-Erzähler mit dem Selbstmord seines Bruders auseinandersetzen. Dessen Spitznamen, Koala, nimmt der Erzähler zum Anlass, um über die grundsätzliche Verfasstheit des Menschen nachzudenken und daraus existenzielle Funken schlagen zu lassen. Denn der Koala figuriert hier jenseits des Possierlichen und Niedlichen, das man ihm gemeinhin zuschreibt: »Stets wurde das Tier als drolliger Kobold gezeigt, flauschig, albern, eine Kapriole der Natur, ein Emblem der Niedlichkeit – all das war mein Bruder nicht gewesen (…) er taugte nicht zum Kuscheltier.«[7] Der Koala zeigt bei Bärfuss seine Kehrseite. Er wird zum Sinnbild für ein Recht auf heroische Leistungsverweigerung und Faulheit. So wirft der Text zugleich die Frage auf, ob die Leistungsethik und der Ehrgeiz des Menschen in der Moderne nicht einen beunruhigenden Urgrund haben, nämlich die Angst vor dem Tod und dem Nichts. Die Frage ist damit nicht mehr, warum ein Mensch sich das Leben nimmt, sondern vielmehr, warum alle anderen es nicht tun. Dieser radikale Roman macht es dem Leser jedenfalls nicht leicht, einfach zur Lektüre eines weiteren Romans überzugehen, ohne sich mit den Bedingungen, Möglichkeiten und Gefährdungen des Menschseins auseinanderzusetzen. Mit einem ›Kunst ruft zur Kunst auf‹ ist es auch hier nicht getan.

Auch wenn ich mit den Romanen begonnen habe, ist Bärfuss zunächst und bis heute vor allem Dramatiker. Dass er zudem erfolgreich Prosatexte verfasst hat, zeugt nicht zuletzt von seinen gattungsübergreifenden Fähigkeiten. Dabei hat er nicht nur Texte für die Bühne verfasst. Er war und ist auch als Dramaturg tätig und außerdem Mitbegründer der Schweizer Künstler- und Theatergruppe 400asa. Er schreibt also nicht nur Dramentexte, sondern sieht diese eingebunden in Formen einer gemeinsamen Erfahrung, die lange vor der Uraufführung beginnt. Die Wertschätzung, die er den an der Produktion seiner Theaterstücke Beteiligten entgegenbringt, zeigt sich schon an dem Platz, den er ihnen in den Druckfassungen seiner Dramen einräumt, in denen er sie namentlich nennt.[8]

Wie in seinen Romanen stehen auch in seinen Dramen keine Helden und Siegerfiguren im Zentrum, sondern Gescheiterte, Randfiguren und Ausgegrenzte der Gesellschaft. In dem Stück »Die sexuellen Neurosen unserer Eltern« geht er der Frage nach dem Recht auf sexuelle Selbstbestimmung bei Menschen mit Behinderung nach. Wie auch in anderen Texten nähert er sich damit einem Thema, das in unserer Gesellschaft immer noch tabuisiert wird. Bärfuss sucht häufig nach Figuren, die »etwas ungewöhnlich« sind und Dinge erleben, »die wir kennen, aber die für uns kaum eine Gefahr bedeuten, weil die meisten von uns eingebettet sind in soziale Strukturen, in Beruf, Familie. Die meisten von uns haben eine Rolle, die uns vor diesen Erfahrungen schützt. Nun interessiert mich allerdings das Ungeschützte.«[9]

In »Die sexuellen Neurosen unserer Eltern« geht Bärfuss dieser Frage anhand der Figur der geistig behinderten Dora nach. Sie beginnt nach dem Absetzen unterdrückender Medikamente damit, ihre sexuellen Neigungen zu erleben, trifft aber auf den Widerstand ihrer Eltern und des behandelnden Arztes. Die sich daraus entwickelnden Widersprüche stellt das Drama eindringlich vor Augen. Als Tochter mit eigenem Willen ist sie den Vorstellungen einer Mutter ausgesetzt, die die Vormundschaft über sie hat und darüber entscheiden möchte, was für sie richtig ist. Der behandelnde Arzt Doras stellt fest: »Lange genug hat man nicht wahrhaben wollen, daß ihr eine Sexualität habt.«[10]

Das Drama stellt unsere Maßstäbe bei der Bewertung von Behinderung und Sexualität grundsätzlich in Frage, und rechtliche Aspekte kommen ebenso zur Sprache wie die moralischen Dimensionen von Behinderung, Sexualität und Fortpflanzung. Der Figur der Dora kommt als aktualisierter Version der lauteren Törin eine weitere Funktion zu. Damit verbunden ist der neugierige und prüfende Blick eines Kindes auf seine Eltern, sodass nicht mehr das Mädchen mit Behinderung im Fokus steht, sondern die angeblich ›Normalen‹ und deren Sexualität. Als Nichtwissende zwingt Dora ihre Mitmenschen durch Fragen zum Geständnis und entlarvt mit ihrer naiven Art die bürgerliche Sexualmoral als Doppelmoral. Einmal mehr gelingt es dem Autor, sichere Wahrnehmungsmuster infrage zu stellen. So bleibt es in der Schwebe, welches libidinöse Verhalten als Norm, welches als Perversion gilt, und schon der Titel deutet an, dass nicht die Menschen mit Behinderung, sondern die Eltern und Verantwortlichen auf den Prüfstand kommen.[11]

Die Faszination für Randfiguren hat vielleicht auch dazu geführt, dass Bärfuss aus der mittelalterlichen Literatur gerade den »Parzival«[12] bearbeitet hat. Auch Parzival ist eine Figur, die durch ihre Unwissenheit und Naivität Missstände aufdeckt. Der *tumbe tôr*, der von seiner Mutter Herzeloyde vor jeglichem Kontakt mit der Außenwelt ›geschützt‹ wird, um nicht auf die Idee zu kommen, Ritter werden zu wollen und sich dadurch in Gefahr zu bringen, gerät durch seine Unwissenheit in groteske Situationen. Immer wieder stellt er das Handeln der Menschen, auf die er trifft, durch seine naiven Fragen bloß. In der Version von Bärfuss seziert Parzival so die absurden Regeln der Gesellschaft der Ritter, die sich ihm überlegen fühlen. Der Schluss des Stücks lässt nichts Gutes ahnen für die Errettung der Welt, denn Anfortas hinterlässt Parzival nur ein »Königreich aus Abfall«.[13] Mit einem rundum wohligen Gefühl und der Idee, sich gleich das nächste Buch aus dem Bücherschrank zu holen respektive sofort wieder in die fiktive Welt eines Theaterstücks einzutauchen, verlässt man das Theater nach diesen Stücken wohl kaum.

Bei Bärfuss finden sich ernste Themen verbunden mit einem facettenreichen Sinn für literarische Mittel und für Absurd-Komisches im Besonderen. Eines der schönsten Beispiele für seinen Umgang mit Komik ist das Stück »Meienbergs Tod« von 2001. Dort möchte ein Schauspieler den sterbenden Journalisten Meienberg nicht mehr spielen – die Rolle sei einfach »unergiebig«.[14] Die groteske Dimension des Sterbens auf der Bühne, das der Schauspieler jeden Abend erneut vorführen muss, bildet eines der zentralen Themen dieses Stückes mit Zügen eines Metadramas. Auch in Theaterstücken mit deutlich politischem Impuls finden sich komische Passagen. So stehen in dem Stück »Der Bus (Das Zeug einer Heiligen)«, das 2005 mit dem Mülheimer Dramatikerpreis ausgezeichnet wurde, neben grotesk-komischen Szenen auch verwirrende Kurzszenen ohne weitere Erklärung, so etwa der Wortwechsel zwischen dem Busfahrer Hermann und einer vermeintlichen Heiligen, der Protagonistin Erika: »HERMANN: Bist du eine Heilige? / ERIKA: Nein. / HERMANN: Dann schau nicht so blöd.«[15]

Die Dramentexte erinnern durch derartige Irritationen auch an das Theater des Absurden und damit an Texte, die keinen einfachen Zugriff auf die Realität ermöglichen. Erika gerät in eine solche groteske Situation, nachdem sie den Bus in die falsche Richtung genommen hat. Sie findet sich so statt zum Pilgern nach Tschenstochau in einer morbiden Gesellschaft von Kurgästen wieder, die ihren Tod wollen oder zumindest billigen.

In dem Stück mit dem prägnanten Titel »Öl«, das im Jahr 2009 am Deutschen Theater Berlin uraufgeführt wurde, wendet sich Bärfuss einem abgründigen Spiel zwischen Herr und Knecht beziehungsweise zwischen Herrin und Hausangestellter zu.[16] Auch an diesem Stück kann skizziert werden, wie sehr es Bärfuss nicht nur um das ›Was‹, sondern auch um das ›Wie‹ geht. Der Titel verweist zunächst auf ein brisantes politisches Thema. Die zwei männlichen Protagonisten, ein Geologe und ein Ingenieur, halten sich seit Jahren in einem fiktiven Entwicklungsland auf. Vordergründig geht es um ihr Vorhaben, dort Öl zu finden und durch den Verkauf von Förderlizenzen reich zu werden. Immer mehr entpuppt sich das Stück aber als Beziehungsdrama, in dem die Ehefrau eines der Protagonisten im Mittelpunkt steht, die die Zeit damit verbringt, in einem bunkerartigen Haus in dem ihr fremd bleibenden Land auf eine Erfolgsmeldung der Männer zu warten. In dem Spiel um Macht und Dominanz mit der einheimischen Haushaltshilfe, das die Herr-Knecht-Dialektik anschaulich vor Augen führt, ist sie ansonsten sich selbst und dem Alkohol überlassen. Als die Männer tatsächlich auf Öl stoßen, führt dieser Fund keineswegs zur Befreiung der

Frau. Ihr Warten und Hoffen erweist sich vielmehr als eine Lebenshaltung, die letztlich zu keinem Ziel führt und die derjenigen in Stücken des absurden Theaters ähnelt. Auf den ersten Blick haben wir es mit einem moralisch anklagenden Stück über die Ausbeutung von Entwicklungsländern zu tun. So wurde es auch von der Kritik aufgenommen, wenn etwa versucht wird, es wie folgt auf den Punkt zu bringen: »In seinem Theaterstück ›Öl‹ demaskiert Bärfuss unsere Abhängigkeit vom Rohstoffmarkt.«[17] Mindestens ebenso wichtig aber sind Einblicke in die Abgründe menschlicher Beziehungen – zwischen Ehepartnern, zwischen Geschäftspartnern und zwischen Vorgesetzten und Angestellten.

Wie ich gezeigt habe, greift der Roman- und der Dramenautor Bärfuss, seinem eingangs zitierten Satz zum Trotz, durchaus zu Formen, die mit Mitteln im Sinne einer ›Kunst, die zur Kunst aufruft‹ allein nicht zu erklären sind. Dies gilt auch für das Genre des politischen Essays, das der Autor nutzt, wenn der direkte Weg und das gesellschaftspolitische Engagement zur Erreichung eines Ziels hilfreich oder notwendig erscheinen.

An prominenter Stelle ist hier sein Essay »Die Schweiz ist des Wahnsinns« zu nennen. Dieser Text erschien kurz vor den Schweizer Parlamentswahlen am 12. Oktober 2015, und er rief heftige und kontroverse Reaktionen hervor. Er enthält eine aufrüttelnde Warnung vor dem falschen im Sinne eines rechten oder gar rechtsextremen Weges, auf dem Bärfuss das Land sah. Als kritischer und politischer Autor schreckt er hier auch nicht davor zurück, den Vorwurf des Nestbeschmutzers auf sich zu ziehen. ›Kunst, die zur Kunst aufruft‹ – davon kann hier sicherlich nicht die Rede sein. Da besagter Essay in den Schweizer Medien aber als »gehobene Nestbeschmutzung«[18] eingestuft wurde, haben die gewählten Mittel wohl selbst diejenigen überzeugt, die mit der Aussage des Textes nicht konform gingen.

Auch in seinen literarischen Essays – dazu zähle ich den Band »Stil und Moral«, aus dem ich eingangs zitiert habe – plädiert Bärfuss für politisches Engagement statt für ein Sich-Verlieren im nur Ästhetischen: »Je größer der Kunstgenuss, je tiefer die Apathie, desto größer die Absonderung von den Bedürfnissen Ihrer Umwelt«,[19] heißt es, und weiter: »Sie sehen, die Lektüre literarischer Essays ist in dieser Zeit moralisch nicht zu rechtfertigen.«[20] Indem Bärfuss die Form des literarischen Essays anwendet, um ihn – und die Literatur generell – infrage zu stellen, kommt es gewissermaßen zur Erledigung der Form durch sich selbst.

Wie wir gesehen haben, führt eine Betrachtung des Werkes von Lukas Bärfuss zu dem Schluss, dass es ein Glücksfall für die Lesenden ist, dass sich Autoren nicht immer an ihre eigene Programmatik halten – auch wenn zu vermuten ist, dass die eingangs zitierte Programmatik nicht ganz ernst gemeint war. Einen Sinn für provozierende und polemische Äußerungen kann man Bärfuss kaum absprechen.

Mit Lukas Bärfuss ehrt die Jury einen der bedeutendsten zeitgenössischen Schriftsteller, dessen Texte man zur engagierten Literatur rechnen kann, aber zu einer *littérature engagée*, die sich nicht mehr im Besitz der *einen* Wahrheit wähnt. Vielmehr handelt es sich um eine Form der engagierten Literatur, die sozusagen durch die Erfahrungen der Postmoderne gestählt ist. Allein moralisch sind Schreiben und Lesen wohl nicht zu rechtfertigen; ganz ohne Moral aber auch nicht – so jedenfalls verstehe ich das Œuvre von Lukas Bärfuss, als eines, das grundiert ist von einer Ästhetik der Verantwortlichkeit. Es brüstet sich nicht mit moralischen Gewissheiten, verliert sich aber auch nicht im ästhetizistisch-beliebigen Spiel. In seinen Texten spielt immer auch das Verhältnis von Moral und Schönheit, von Moral und Ästhetik eine Rolle. Natürlich ist es richtig, dass Kunstwerke zunächst ein Bewusstsein für die Möglichkeiten der Kunst schaffen. Den Texten von Lukas Bärfuss aber gelingt es auf verblüffende Weise, hochsensibles politisch-moralisches Problembewusstsein mit ästhetischen Mitteln zu schaffen.

Nachdem ich das Werk von Lukas Bärfuss an einem seiner eigenen Zitate erprobt habe, möchte ich noch den Namensgeber der Poetikdozentur, Georg Christoph Lichtenberg, heranziehen. Poetikvorlesungen handeln im besten Falle von den Bedingungen des Schreibens – und über die Bedingungen des Schreibens hat sich auch Lichtenberg Gedanken gemacht. In einem seiner Aphorismen heißt es: »Wahrheit, Unterricht und Besserung des Menschen sei der Hauptzweck eines Schriftstellers; erhält er diesen, so können wir über die Mittel ziemlich gleichgültig sein.«[21] Lichtenberg argumentiert hier wohl im Dienste der aufklärerischen Sache. Was die Gewichtung von Inhalt und Form angeht, scheint er jedenfalls eindeutig der Seite des Inhalts zuzuneigen.

Dem ersten Teil von Lichtenbergs Gedankengang würde Lukas Bärfuss wohl zustimmen. Er verfasst Texte, die dort hinsehen, wo es wehtut. Politisch-aktuelle Themen und Problemstellungen durchziehen sein gesamtes Werk, und wir dürfen unterstellen, dass ihm eine »Besserung des Menschen«, von der Lichtenberg spricht, durchaus vorschwebt – auch wenn die Hoffnung darauf angesichts der Natur des Menschen begrenzt ist. Das Apathische, die Wiederholungsseligkeit, das Nicht-von-der-Stelle-Kommen der Figuren bei Bärfuss erinnert wohl nicht von ungefähr an die schwer zu ergründenden Existenzen von Ionesco und Beckett.

Was aber die Relevanz der Mittel betrifft, von der Lichtenberg im zweiten Teil des Satzes spricht: Wer sich so souverän wie Bärfuss in verschiedenen Gattungen bewegt, wer so sicher zwischen ganz unterschiedlichen Stillagen wechselt, wer tagesaktuelle Polemik, aber auch grotesk anmutende Texte schreibt, dem kann die Wahl der Mittel nicht gleichgültig sein. Und deshalb ist es folgerichtig, dass Lukas Bärfuss heute hier ist, denn auch darüber, über die Wahl der Mittel, gibt eine Poetikdozentur Auskunft.

Ästhetik der Verantwortlichkeit

»Ich frage ›wie‹ statt ›warum‹ – sonst komme ich in Teufels Küche«,[22] so Lukas Bärfuss. Ganz zu Recht hat sein Schreiben ihn nicht in Teufels Küche gebracht, sondern hierher, in die Aula der Universität Göttingen, und das nicht zuletzt deshalb, weil er immer auch nach dem ›wie‹, also nach den Mitteln, fragt.

1 Der mündliche Duktus der am 18.1.2017 gehaltenen Laudatio wurde weitgehend beibehalten. — **2** Lukas Bärfuss: »Stil und Moral«, in: Ders.: »Stil und Moral«, Göttingen 2015, S. 221–229, hier S. 228. — **3** So Ruth Schweikert in: Peer Teuwsen: »›Ich will wirken‹. Die Schweizer Schriftstellerinnen Stefanie Sourlier und Ruth Schweikert über das Schweigen der Intellektuellen«, in: »Die Zeit«, 17.11.2011, https://www.zeit.de/2011/47/CH-Interview/komplettansicht (Letzter Aufruf: 9.6.2020). — **4** So Peer Teuwsen, ebd. — **5** Lukas Bärfuss: »Hundert Tage. Roman«, Göttingen 2008, S. 7. — **6** Ebd., S. 197. — **7** Lukas Bärfuss: »Koala. Roman«, Göttingen 2014, S. 59. — **8** So findet sich in »Meienbergs Tod« der Hinweis auf den Regisseur Samuel Schwarz, in »Die sexuellen Neurosen unserer Eltern« wird auf die Mitarbeit der Regisseurin Barbara Frey und der Dramaturgin Judith Gerstenberg hingewiesen, in »Öl« werden die für die Uraufführung am Deutschen Theater Berlin hinter und auf der Bühne Verantwortlichen genannt; vgl. Lukas Bärfuss: »Meienbergs Tod – Die sexuellen Neurosen unserer Eltern – Der Bus. Stücke«, Göttingen 2005, S. 8, S. 72 und »Öl«, Göttingen 2009, S. 6, S. 68. — **9** Iwona Uberman: »Lukas Bärfuss – ein Gespräch mit dem Dramatiker. Philosoph und Dichter«, in: »Kulturtransfer Deutsch – Polnisch«, http://kulturtransfer.eu/index.php/de/theater/59-lukas-baerfuss-ein-gespraech-mit-dem-dramatiker (Letzter Aufruf: 9.6.2020). — **10** Bärfuss: »Die sexuellen Neurosen unserer Eltern«, a.a.O., S. 88. — **11** Vgl. Christine Bähr: »Der flexible Mensch auf der Bühne. Sozialdramatik und Zeitdiagnose im Theater der Jahrtausendwende«, Bielefeld 2012, S. 389. — **12** Lukas Bärfuss: »Parzival«, in: Ders.: »Malaga – Parzival – Zwanzigtausend Seiten. Stücke«, Göttingen 2012, S. 49–122, hier S. 122. — **13** Bärfuss: »Parzival«, a.a.O., S. 122. — **14** Lukas Bärfuss: »Meienbergs Tod. Eine Groteske«, in: Ders.: »Meienbergs Tod – Die sexuellen Neurosen unserer Eltern – Der Bus. Stücke«, Göttingen 2005, S. 15. — **15** Bärfuss: »Der Bus«, a.a.O., S. 142. — **16** Das Stück wurde am 7.9.2011 unter der Regie von Ilka Daerr am Theater im OP in Göttingen in Szene gesetzt. — **17** Bernard Senn, in: »Lukas Bärfuss: Das Leben als Treibjagd«, Sternstunde Philosophie, SRF Kultur, 5.5.2014. — **18** Vgl. Jürg Altwegg: »Er hätte noch deutlicher schreiben sollen«, in: »Frankfurter Allgemeine Zeitung«, 27.10.2015, http://www.faz.net/aktuell/feuilleton/debatten/debatte-um-die-schweiz-er-haette-noch-deutlicher-schreiben-sollen-13879167.html (Letzter Aufruf: 9.6.2020). Martin Ebel stellt Bezüge zu einem anderen Schweizer Schriftsteller her, dem die Rolle des Nestbeschmutzers zugeschrieben wurde: »Wir brauchen den Max Frisch unserer Tage hier«, vgl. Martin Ebel: »Das Internet hat keine Toilette. Ist Lukas Bärfuss der Max Frisch unserer Tage?«, in: »Tages-Anzeiger«, 10.4.2015, https://www.tagesanzeiger.ch/kultur/buecher/das-internet-hat-keine-toilette-/story/19129335. (Letzter Aufruf: 9.6.2020). — **19** Bärfuss: »Stil und Moral«, a.a.O., S. 227. — **20** Ebd., S. 229. — **21** Georg Christoph Lichtenberg: »Aphorismen, Essays, Briefe«, hg. von Kurt Batt, Leipzig 1963, S. 112. — **22** Lukas Bärfuss im Gespräch mit Frank A. Meyer in »Vis-à-vis spezial«, 3sat: »Direkte Demokratie auf dem Prüfstein«, 9.9.2015.

Peter von Matt

Ästhetik der Konfrontation
Über die künstlerische Strategie von Lukas Bärfuss

Teil 1: Das Verfahren der Konfrontation im Überblick[1]

Am Werk von Lukas Bärfuss kann man sich blaue Flecken holen. Wir alle kennen die Situation, dass man im Finstern gegen eine Tür anrennt, die sonst immer offen steht. Dann bleibt man mit schmerzender Schulter stehen, erschrocken und orientierungslos. Genau so stößt man in Bärfuss' Stücken und Erzählungen irgendwann an eine imaginäre Mauer. Man weiß, hier muss ich durch, aber es geht nicht. Man ist trainiert im literarischen Verstehen und Begreifen, aber plötzlich versagt die schöne Kunst. Das kann kränkend sein. Es verletzt das Überlegenheitsgefühl des kritischen Lesers oder Theatergängers. Man fühlt sich provoziert, und genau darauf hat es dieser Mann abgesehen.

Da ist zum Beispiel eine junge Frau, die Hauptfigur eines Stücks. Sie heißt Dora. Halb ist sie noch ein Kind, aber die Männer werden aufmerksam. Und sie ist zurückgeblieben. Es fehlt ihr im Kopf. Gelegentlich kreischt sie. Dann sitzt sie wieder stundenlang reglos in einer Ecke. Die Eltern und der Arzt haben sie mit chemischen Mitteln ruhiggestellt. Sie spricht nur wenig. Irgendwann hält die Mutter es nicht mehr aus und setzt die Mittel ab. Jetzt geht's los. Und von da an sind wir als Zuschauer dem Ereignis Dora genauso ausgesetzt wie ihre Umgebung. Dora reagiert immer anders, als man erwartet, bald stupid und bald taghell. Beides könnte man je für sich psychologisch erfassen, für beides stünden wissenschaftliche Modelle bereit. Nur beides zusammen geht nicht. Da versagt die Theorie und die Empathie desgleichen. Aber Dora, das Ereignis Dora, ist beides zusammen: stupid und taghell. So wird sie zur Tür in der Nacht, gegen die man rennt und mit schmerzender Schulter stehen bleibt.

Könnte das nicht auch ein Kunstfehler des Autors sein? Versagt er nicht einfach beim kohärenten Aufbau einer Figur? Dora ist gütig, empfindsam, liebevoll und lebt zugleich eine schamlose, animalische Sexualität. Das müsste doch ausgeglichen werden zu einem stimmigen Charakter. Sie wird verführt und schwer misshandelt. Wir sind empört, die Eltern entsetzt. Nur Dora selbst findet es großartig und möchte so bald als möglich mehr davon. Kann das moralisch aufgehen? Werden hier Opfer und Täter nicht in einer unzulässigen Weise vermischt? Darf man überhaupt solche Kategorien durcheinanderbringen? Und wenn sie eine Idiotin ist, eine triebgesteuerte Oligophrene, was machen wir dann mit den seltsamen Anspielungen, dass Dora ein Engel sei, der die Menschen verwandle? Sind das nicht sentimentale Zutaten, um die Inkohärenz der Figur zu verwischen? Schließlich ist von solcher Verwandlung gerade bei jenen, die davon reden, wenig zu spüren.

Dass unsere flinken Deutungen versagen, ist das geheime Ziel von Bärfuss' Kunst. In seiner Dramaturgie ist dies die Katharsis. Er teilt uns keine Wahrheit mit im farbigen Kleid einer Geschichte, und er unterrichtet uns auch nicht darüber, wie die Welt sein sollte, und was wir zu diesem Zweck demnächst zu tun hätten. Er will die Konfrontation. Dies ist der Schlüsselbegriff. Immer neu und immer anders führt er uns in die schonungslose Konfrontation mit einem Menschen oder einem Ereignis, die wir aushalten müssen, ohne sie wirklich verstehen zu können. Die berufsmäßigen Versteher und Welterklärer kommen dabei durchaus zu Wort, ausgiebig sogar, aber je mehr sie reden, umso mehr entlarven sie ihre eigene Hilflosigkeit. Der Jargon besitzt daher eine besondere Bedeutung in der Ästhetik dieses Autors. Die spezifische Redeweise der verschiedenen Wissenschaften, welche heute die Deutungshoheit über unsere Welt und deren Zustände in Anspruch nehmen, wird bei Bärfuss zur Satire auf eben diesen Anspruch. Die selbstgewiss vorgetragenen Erklärungen verdampfen im Schock der Konfrontation.

Hier entspringt auch der komödiantische Zug vieler Werke. Vor unseren Augen und Ohren öffnet sich der Abgrund zwischen den Schrecken der Realität und dem unabsehbaren Gerede derer, welche diese Realität analysieren und uns mitteilen, warum sie so ist, wie sie ist, und nicht anders sein kann, und deshalb auch so und so verlaufen wird und übrigens hätte verhindert werden können, wenn man rechtzeitig dies und jenes vorgekehrt hätte. Um das Entsetzen vor dem, was der Fall ist, zu betäuben, werden von den Experten Kausalitäten konstruiert. Denn die angeblichen Ursachen spiegeln uns einen Sinn des Geschehens vor, eine höhere Notwendigkeit, und bewahren uns damit vor der Erfahrung der Kontingenz, der sinnlosen Zufälligkeit des Unheils. Diese nämlich ist für den Menschen das Unerträgliche schlechthin. Ursachen sind immer billig zu haben. Das Ungeheure ist das Phänomen.

Das Theater der Konfrontation, das Bärfuss entwickelt hat, verlangt eine entsprechende Dramaturgie. Sie ist weder klassisch noch episch noch postmodern, berührt sich aber von Fall zu Fall mit diesen Modellen. Am ehesten erinnert seine Spielanlage an Antonin Artauds Entwurf eines Theaters, das die Zuschauer einer Erfahrung aussetzen will, der sie mit ihrem gewohnten Denken und Fühlen nicht gewachsen sind. Auch das sogenannte Regietheater beruft sich bekanntlich auf Artaud. Es übernimmt von diesem aber vor allem die Abwertung der Sprache auf der Bühne. Die Sprache, insbesondere die geformte Rede, muss im Regietheater hinter den optischen und akustischen Effekten zurücktreten. Demgegenüber hält Bärfuss am Primat der Sprache fest, und er gewinnt dabei eine herausragende Kunst des Dialogs. In der schroffen Kahlheit seiner Wechselreden verflüchtigen sich alle Beschönigungen, die unsere Alltagsgespräche umflattern. Knochenhart tritt die zwischenmenschliche Grausamkeit zutage. Sogar die Adjektive vermeidet Bärfuss, wo es nur geht. Friedrich Hebbel und Karl Kraus, die berühmten Feinde des Adjektivs, haben in ihm einen Verbündeten gefunden.

Die Konstruktion der Handlung erinnert bei diesem Dramatiker frappant an die berühmte Formel, mit der Goethe einst die Novelle definiert hat, die dramatischste Form des Erzählens. Eine Novelle, bemerkte Goethe im Gespräch mit Eckermann, sei nichts anderes als »eine sich ereignete unerhörte Begebenheit«.[2] Das ist zwar grammatisch bedenklich, aber wunderbar präzis. Das Unerhörte, das, wovon man noch nie gehört hat, ist auch das Außerordentliche im Wortsinn: Es steht außerhalb der gewohnten Ordnung der Dinge. Und genau deshalb eignet sich das Unerhörte dazu, die gewohnte Ordnung der Dinge vor aller Augen aufzubrechen und als nicht gesichert zu erweisen. Dann geschieht was? Dann bleibt man für einen Moment stehen, erschrocken und orientierungslos. Und die realistische Handlung eines Bärfuss-Stücks kann plötzlich die Züge eines Mysterienspiels gewinnen. Denn durch die Risse in der gewohnten Ordnung dringt das ganz Andere herein, gefährlich oder erlösend.

Ebendies ist die Funktion der fremdartigen Figuren, um die sich die Stücke von Bärfuss so oft drehen. Jede ist auf ihre Art eine »sich ereignete unerhörte Begebenheit«: der schräge Journalist Meienberg im frühen Stück »Meienbergs Tod«, die ekstatisch-religiöse Frau im Stück »Der Bus«, die gestörte Dora im Stück »Die sexuellen Neurosen unserer Eltern«, auch Parzival im gleichnamigen Stationenspiel und der durch einen Gentest aus aller Lebenssicherheit Geworfene im Stück »Die Probe«, schließlich, im Stück »Zwanzigtausend Seiten«, Tony, der Mann mit dem unmenschlichen Gedächtnis. Alle diese Menschen sind Fremdkörper. In unserer normalen Welt nehmen sie sich aus, als ob in einem riesigen, perfekt gestanzten Puzzle-Spiel ein einziges unförmiges Teil auftauchte, das nirgendwo reinpasst und doch zum Spiel gehört. Und wir, die Spieler, sitzen da mit diesem Ding in der Hand und wissen nicht, was zu tun ist.

Dass aber der Vergleich mit der Novelle und der Novellentheorie nicht abwegig ist, zeigt der erstaunliche Erzähltext »Die toten Männer« von 2002. Bärfuss bezeichnet ihn selbst als Novelle. Er ist von dramatischer Brisanz, mit kriminellem Einschlag wie bei vielen großen Beispielen dieser Gattung in der deutschen Literatur – bei Schiller, Kleist, Hoffmann, Droste-Hülshoff, schließlich auch bei Bärfuss' Landsmann Friedrich Dürrenmatt. Aber während bei diesen allen am Ende die Wahrheit blank ins Licht tritt, bleibt

Ästhetik der Konfrontation

sie bei Bärfuss unheimlich verschattet. Obwohl seine Novelle eine Ich-Erzählung ist, bleibt uns der Held fremd, und dies in dem Maße, in dem er sich selbst abhandengekommen scheint. Alles deutet auf einen psychiatrischen Fall, aber keine Diagnose geht auf. Auch hier sabotiert der Autor unsere Deutungskapazität. Die Kritik hat darauf gereizt reagiert. Sie wird das Urteil noch revidieren müssen.

Und schließlich ist hier zu reden vom Roman »Hundert Tage«, dem würgenden Bericht über den Völkermord in Ruanda, wo um eine Million Menschen niedergemetzelt wurden. Das Buch zeigt, dass es im Schaffen dieses Autors zwar formale Tendenzen gibt, aber keinen Schematismus der Produktion. Dieser Roman ist auf den ersten Blick ganz anders als alles, was Bärfuss vorher und nachher geschrieben hat. Politisch bezieht er unverblümt Stellung, so wie Bärfuss ja auch sonst in der Öffentlichkeit kein Blatt vor den Mund nimmt. Seine Kritik an der Entwicklungshilfe der Schweiz und anderer Staaten, auch der NGOs, hat scharfen Widerspruch gefunden. Und doch ist der Roman kein Manifest von einem, der es besser weiß. Die politische Botschaft nehmen wir nachdenklich zur Kenntnis, aber erschüttert, in ein hilfloses Entsetzen getrieben werden wir von dem Panorama der Unmenschlichkeit, das vor uns abläuft, einem triumphalen Töten, von dem wir im Tiefsten nicht wollen, dass es auf unserem Planeten weiterhin möglich ist. Lukas Bärfuss, der wie alle bedeutenden Dramatiker kein Mitleid hat mit seinen Zuschauern, setzt uns auch hier einer Wahrheit aus, der wir nicht gewachsen sind. Konfrontation als Kunst.

Teil 2: Das Konfrontationsgefüge im Roman »Hagard«

Die Diskussion fand nicht statt. Die Irritation, auf die es der Roman »Hagard«[3] angelegt hat, wurde dem Autor umgehend und weithin als künstlerisches Defizit angelastet. Die Geschichte des Mannes Philip, der eines Tages, von einem hübschen Frauenschuh verlockt, aus der soliden Ordnung seines Lebens rutscht und in einem grotesken Slapstick von Stufe zu Stufe einem fatalen Ende entgegenstürzt, fand man zwar partienweise glänzend erzählt, aber insgesamt durch allzu viele Zutaten verdorben. An diesem schweren Missverständnis war der Verlag mitschuldig. Er setzte nämlich im Klappentext den Roman dezidiert mit der Geschichte des Mannes Philip gleich und unterschlug die Tatsache, dass es in dem extrem komplexen Erzählganzen diese Geschichte als kohärenten Bericht gar nicht gibt.

Hier kann sich ein Einwand aufdrängen: Man erfährt in dem Buch doch ganz ohne Zweifel, wer Philip ist und was mit ihm geschieht!

Stimmt. Aber man erfährt es auf folgendem Weg. Da ist ein Autor, der Autor, der in dem Roman »ich« sagt und also so tut, als wäre er Lukas Bärfuss selbst, und dieser Autor trägt das Projekt einer Erzählung mit sich herum. Er ist förmlich besessen von dieser Erzählung, die er noch nicht geschrieben hat, die er bisher nicht schreiben konnte und von der er doch nicht loskommt. Er wird von ihr gequält wie eine Schwangere, deren Geburtstermin längst abgelaufen ist. Und er beginnt nun stückweise zu schildern, wie diese geplante Geschichte ungefähr verlaufen würde, falls er je imstande sein sollte, sie zu schreiben.

Wenn wir als Leser in diesem Roman also die Geschichte von Philip Teil um Teil kennenlernen, sind diese Teile nur das, was der Autor von seinem Erzählprojekt im Kopf hat. Viele dieser Teile wirken in sich geschlossen. Sie erscheinen perfekt erzählt, aber der Autor selbst begreift das Ganze überhaupt nicht. Er steht seiner geplanten Erzählung nicht anders gegenüber als die Zuschauer von Bärfuss' Stücken den jeweiligen Schlüsselfiguren, in jener spezifischen Konfrontation, die man nur mit dem Anrennen gegen eine Tür in der Nacht vergleichen kann. Er präsentiert hier also die Erfahrung, die man mit seinen Werken macht, als seine privat-persönliche gegenüber dem Erzählprojekt, das er schon so lange mit sich herumschleppt. Der Auftakt des Romans sagt das glasklar: »Seit viel zu langer Zeit versuche ich, Philips Geschichte zu verstehen. Ich will das Geheimnis lüften, das in ihr verborgen ist. Eins ums andere Mal bin ich gescheitert und konnte das Rätsel jener Bilder nicht entschlüsseln, die mich heimsuchen, Bilder der Grausamkeit und der Komik, wie in jeder Erzählung, in der das Begehren auf den Tod trifft. Ich weiß alles, und ich begreife nichts.«[4]

Schon hier, schon im neunten Wort, operiert er mit dem Doppelsinn des Wortes »Geschichte«. Meint es die Story, die der Autor immer wieder zu erzählen versucht, oder meint es das dramatische Geschehen, in das die Figur Philip in der Story verwickelt wird? Versteht er nicht, was Philip durchmachen muss, oder versteht er nicht, was er selbst erzählt? Wenn Ersteres zutrifft, sieht er sich einem bedrängenden Rätsel der menschlichen Existenz gegenüber; trifft Letzteres zu, sieht er sich von seinem eigenen Werk überfordert.

Man könnte sagen, das komme auf das Gleiche hinaus. Aber man muss nur an den vorigen Roman des Autors denken, »Koala« von 2014, um die Differenz zu begreifen. Dort erlebte der Mensch und Autor Lukas Bärfuss die spezifische Konfrontation existenziell gegenüber seinem Bruder, der sich umgebracht hatte, und er versuchte in dem Roman, diese Erschütterung über die künstlerische Technik der Konfrontation zu bewältigen.

Im zitierten Romananfang von »Hagard« operiert er mit einer gezielten Verwischung der Differenz zwischen den Bildern, die ihn heimsuchen und die er über ihre Integration in eine Erzählung bewältigen möchte, und den Bildern als gegebenen Teilen einer Erzählung, die er im Kopf hat und im Verlauf des Romans mehr oder weniger umfassend referiert.

Dieser Differenz muss man sich bewusst sein. Denn aus ihr ergibt sich, dass der Roman vom Leser nicht nur verlangt, die Konfrontation mit Philips Schicksal zu bestehen, sondern auch die Konfrontation des Autors mit seiner eigenen Erzählung und ihren komischen und schrecklichen Momenten zu begreifen.

Hierzu eine Zwischenbemerkung: Wie in einem winzigen Sonderspiel oder einer *Mise en abyme* inszeniert Bärfuss seine Ästhetik der Konfrontation bereits mit dem Romantitel, von dem er weiß, dass bei Weitem nicht alle Leser ihn verstehen. Dies insbesondere auch deshalb, weil es kein einzelnes deutsches Wort gibt, das sich mit dem französischen ›hagard‹ genau deckt. Die Wörterbücher stecken dazu ein Wortfeld um den Begriff ›verstört‹ ab, mit einer Sinntendenz einerseits in Richtung ›verwirrt, wild‹, andererseits in Richtung ›verängstigt‹. Der Zustand kann also in gleichem Maße der eines Gefährdeten wie der eines gefährlich Aggressiven sein.

Erfahrene Leser gehen spontan davon aus, dass das Wort ›hagard‹ im Verlauf des Romans irgendwann erklärt wird. Dies geschieht indessen nicht, und es tritt auch nie jemand auf, der Französisch spricht. Der Autor, und zwar nicht im Sinne einer impliziten Erzählfunktion, sondern im Sinne des Schriftstellers Lukas Bärfuss, der seinen Namen über den Titel »Hagard« setzt, will also, dass man über dieses Wort entweder stolpert oder sich den Kopf zerbricht oder ärgert. Dass ›Hagar‹, ohne -d, zudem der Name einer verstoßenen und in die Wüste getriebenen Frau aus dem Alten Testament ist, wird vielen Leserinnen und Lesern des Romans bekannt sein, schon weil die Figur ein verbreitetes Motiv in der europäischen Malerei ist.[5] Und akustisch ist der Name ja identisch mit dem Titel. Aber es gibt kein Signal im Erzählganzen, das eine beabsichtigte Assoziation zur Bibel nahelegen würde. Dennoch kann man Hagars Sich-Verlieren in der Wüste beim Lesen des Buches nicht ganz verdrängen. Auf jeden Fall vollzieht Bärfuss mit diesem Titel *in nuce* seinen zentralen künstlerischen Akt, nämlich den Leser an einer überlegt gesetzten Gegebenheit des Werks ohne Verständnishilfe auflaufen zu lassen.

Warum macht er das überhaupt? Er tut es, um der Autonomie der Literatur willen. Diese hat nicht die Aufgabe, die Erkenntnisse der Wissenschaften, der Ethikkommissionen, der politischen Theorien und der öffentlichen Moral zu illustrieren. Sie ist vielmehr eine eigenständige Form der Welt- und Menschenerklärung, die nicht über logische Beweisführungen und die Beschwörung kollektiver Verhaltensregeln führt, sondern über den Schock, das Erschrecken, das Lächerliche und das Ergreifende, die Qual des Hässlichen und die Gewalt des Schönen.

Deshalb erzählt Bärfuss in Blöcken, die fast unverbunden nebeneinanderstehen. Und genau so müssen wir diese aushalten: in der elektrischen Spannung ihrer Differenz. Das Gegenteil dazu wäre das organische Erzählen, bei dem eine Geschichte langsam wächst wie eine Pflanze, als ein sich entwickelndes Ganzes. Hier fühlen wir uns als Leser getragen, eingebettet und mitgenommen; die Erzählung wird zu einer kleinen Welt in unserer großen, und die kleine spiegelt die große überschaubar und beispielhaft wider. In der organisch erzählten Geschichte hängt alles mit allem zusammen und beweist so den sinnvollen Zusammenhang der Dinge auch in unserer großen Welt.

Dieser sinnvolle Zusammenhang ist für den Erzähler Bärfuss sogar eine künstlerische Gefahr. Er kann nämlich so fulminant erzählen, dass sich unter seinen Händen alles verknüpft. Dann entsteht ein dichtes Gewebe, das man atemlos verfolgt. Ein Beispiel dafür ist in »Hagard« die Geschichte[6] von dem Außenseiter alter Art, einem Asozialen oder Vagabunden, wie man solche Leute einst genannt hat, der eigentlich nur im Abstand zu allen anderen Menschen leben kann und auch mit niemandem reden will. Es ist eine Shortstory amerikanischen Zuschnitts, die erst ganz zuletzt mit der Geschichte Philips verbunden wird. Dann aber gleich so: Der Mann ist nach langen kriminellen Jahren als Taxifahrer in Zürich gelandet und bringt den völlig erschöpften und mittellosen Philip an den Stadtrand, wo dieser seinen Wagen am Vorabend neben der Straße abgestellt hat. Darin hat er seine Börse zurückgelassen. Nun ist der Wagen weg – von der Polizei abgeschleppt, wie man später erfährt –, was der Taxifahrer aber als blanken Betrug betrachtet. Er schlägt Philip zusammen und lässt ihn liegen. Später wird nur noch dessen Sterben berichtet.

Man könnte nun denken, die Geschichte von dem brutalen Außenseiter sei ein schriftstellerisches Paradestück, das sich der Autor nicht verkneifen mochte, obwohl es zum größten Teil mit der Philip-Handlung nichts zu tun hat. Aber die Philip-Handlung erklärt sich eben nicht aus sich selbst. Auch der Autor begreift sie nicht; er wird von ihren Bildern und Szenen nur bis »an den Rand des Wahnsinns« verfolgt.[7] Die Nebengeschehnisse um diesen Asozialen, auch um das Liebestreiben der Sekretärin Vera, um den Auftritt des englischen Mathematikers und innerhalb von dessen Vortrag der Bericht über den japanischen Wissenschaftler, der aus seiner Forschereinsamkeit nicht mehr in Welt aller anderen zurückkehren kann – alle diese Teilgeschichten stehen als Erzählblöcke der Philip-Story gegenüber, und man weiß, dass man das Ganze verstehen würde, sobald man begriffen hätte, welche Aussage über die Philip-Story sich in ihnen verbirgt. Nur gilt auch das Umgekehrte: man versteht auch die Teilgeschichten erst, wenn man die Philip-Story begriffen hat.

Gelegentlich gibt es innerhalb der Teilgeschichten Momente, die aufschlussreicher sind als das jeweilige Ganze. So als der englische Mathematiker auftritt, zu dessen Vortrag sich Philip, jene Frau verfolgend, einschleicht. Der Mann hat viele Jahre seines Lebens in strenger Isolation an der Lösung des damals berühmtesten mathematischen Problems gearbeitet.[8] Diese Zeit hat ihn verändert, auch seine Redeweise ist seltsam geworden, so nämlich: »Es ist der Duktus eines Überlebenden, eines Schiffbrüchigen, der verlorenging auf einem abgeschiedenen Eiland und nur mit den Schildkröten, den Seemöwen und den Gezeiten sprach, bis man ihn nach Jahren fand, zurückbrachte in die Zivilisation, eines Mannes, der seine Rettung nie begriffen hat, der ungläubig staunend zwischen den Menschen und auf ewig verloren in der Brandung steht.«[9]

Das ist, wie schon der Titel des Romans, eine *Mise en abyme*: das Ganze in winziger Gestalt. Denn was dieser Schiffbrüchige erlebt, in langen Jahren weitab von der Zivilisation, das hat nicht nur der Mathematiker in seiner Forschungseinsamkeit erfahren, sondern das geschieht auch Philip an den fürchterlichen zwei Tagen – in einer rasenden Verkürzung: statt der vielen Jahre in nur sechsunddreißig Stunden. Es packt ihn eine Amour fou wie ein Griff in die Eingeweide, und er muss einem Frauenschuh auf der Spur bleiben. Grausam fixiert, gerät er mitten in der wohlgeordneten Stadt Zürich in eine immer wachsende Einsamkeit, in eine groteske, aber am lebendigen Leib erlebte Zivilisationsferne, wird Zug für Zug aller Mittel und Werkzeuge beraubt und steht zuletzt hilflos da, wahrhaftig wie ein Schiffbrüchiger, der gerade noch in Fetzen über die Klippen klimmen konnte und nun leben muss wie ein Prähistorischer. Das ominöse Zeichen dafür ist der verlorene Schuh.

Früher hätte man das eine Ballade genannt.

Es gelingt Bärfuss tatsächlich, diesen Vorgang plausibel zu machen und alle Teile der Katastrophe zwingend zu motivieren.

Was aber ist es nun, das den berichtenden Autor seiner geplanten, im Roman nur zögernd referierten Erzählung gegenüber so hilflos macht, dass er sich ihr ausgeliefert fühlt wie einer fremden Gewalt?

Er lebt in der europäischen Zivilisation des 21. Jahrhunderts, eingefügt in ihre Ordnungen, in die kollektiven Abmachungen über das Leben und die Liebe, die Ökonomie und die Politik, die Wissenschaften, die Künste und die alles durchdringenden technischen Systeme. Er kann da nicht hinaus, keiner kann das, ohne zugrunde zu gehen. Und doch weiß er, dass es ein Außerhalb gibt. Die Abmachungen und Systeme sind geschaffen. Sie sind wirklich, aber nicht die ganze Wirklichkeit. So denkt er – Schriftsteller, der er ist – den Bildern und Szenen einer Geschichte nach, in der einer gegen seinen Willen, aber im fortdauernden Wahn von Freiheit und Autonomie, aus allen Ordnungen fällt und erfährt, was wir uns nicht vorstellen können. Ihm selbst, dem Schriftsteller, graut vor dieser Geschichte. Er kann sie nur stockend und in Fetzen erzählen. Aber wir sollen gegen sie anrennen wie gegen eine Tür in der Nacht.

Peter von Matt

1 Teil 1 dieses Beitrags ist der Erstdruck der vom Verfasser gehaltenen Laudatio auf Lukas Bärfuss an der Verleihung des Berliner Literaturpreises im Berliner Rathaus am 27. Februar 2013. — **2** Im Gespräch vom 25. Januar 1827. — **3** Lukas Bärfuss: »Hagard. Roman«, Göttingen 2017. — **4** Ebd., S. 7. — **5** Genesis 21, 1–21. — **6** Bärfuss: »Hagard«, a.a.O., S. 148–160. — **7** Ebd., S. 8. — **8** Über das lange lateinische Zitat oben auf der Seite 135 des Romans findet man im Internet alle Angaben zu dem berühmten mathematischen Problem, dem Mann, der es vor 350 Jahren formuliert hat, und dem Engländer Andrew Wiles (geb. 1953), der es in den 1990er Jahren gelöst hat. Es ist offensichtlich Wiles, der im Roman den Vortrag an der ETH in Zürich hält. — **9** Bärfuss: »Hagard«, a.a.O., S. 134.

Thorsten Ahrend

Lieber Lukas,

ich habe mich unlängst gefragt, in welchem Jahr wir uns in Solothurn bei den Literaturtagen das erste Mal über den Weg liefen. Nein, so stimmt das nicht, wir liefen uns nicht über den Weg – jemand hatte uns zusammengebracht. »Aus dieser Tür wird gleich ...«, »dort sitzt ... und wartet auf dich« – Du hast darüber gesprochen bzw. geschrieben. Nachtragen will ich an dieser Stelle, da ich meine Erinnerungen auffrische (und Deine), wer dieser jemand war, weil ich ihm ewig dankbar bin für diese Aktion, die ja weiß Gott folgenreich war: Beat Mazenauer, ein Autor, Literaturwissenschaftler, Kritiker, Organisator. 1999, denke ich, muss das gewesen sein. Oder 2000? Ja, eher 2000. Dein Debüt kam 2002 in der edition suhrkamp heraus, und gefühlt verging zwischen diesem Solothurner Treffen am Auffahrtswochenende in der Schweiz, das ich bis dahin nur als Himmelfahrtswochenende gekannt hatte, nicht sehr viel Zeit. Du schicktest mir schnell neben kleineren Texten einen längeren, die Novelle »Die toten Männer«; ich kapierte sofort, dass ich da etwas Besonderes in den Händen halte, und es war klar: Wir machen das. Aber hier schiebt sich in die Erinnerung, dass es keine ganz glatte Asphaltstraße war und mehr Zeit verging zwischen der ersten Fassung, die ich in den Händen hielt, und dem fertigen Buch. Du wolltest es im Suhrkamp-Hauptprogramm haben, klar, als gediegenes Hardcover. Ich auch, aber das war im Haus nicht einfach durchzusetzen. Viele renommierte Autoren beanspruchten die begrenzte Zahl der Startplätze im Hauptprogramm. Manche waren früher schon vertröstet und ins Folgeprogramm geschoben worden und hatten ein natürliches Anrecht durch ihr geduldiges Warten. Die großen Namen kommen ohnehin, auch kurzfristig, ins Verlagsprogramm. Notfalls muss man eben drei Titel mehr machen als geplant – bei Suhrkamp waren es damals regelmäßig eher sieben über dem Plan.

Wir kennen das Ergebnis: Es gab keinen Platz im Hardcoverprogramm. Also blieb nur die edition suhrkamp. Für Lyrik war das in jenen Jahren eine gute Startrampe für junge Autoren. Lutz Seiler etwa wurde mit seinem Debüt »pech & blende« sofort als herausragender Lyriker wahrgenommen. Für kurze Prosa konnte die edition ebenfalls als ein erstes Versprechen gelten. Aber für längere Erzähltexte, Romane gar ... in Zeiten um die Jahrtausendwende, als die Popliteratur glänzte und Autoren mehr Sexyness zugesprochen wurde als DJs ... dafür war ein Debüt in der edition nicht unbedingt die große Sehnsucht oder gar deren Erfüllung. Ich kämpfte des-

Thorsten Ahrend

halb an zwei Fronten: es galt, Dich von der edition zu überzeugen und im Verlag den Titel überhaupt durchzubringen.

Willy Fleckhaus' klassische Gestaltung: einfarbiger Umschlag, darauf kein Bildmotiv, nur Autor und Titel – obwohl wir dies beide schätzten, wussten wir auch, dass es für ein Debüt nicht die ideale Verpackung sein würde. Rainald Goetz hatte wenig vorher das Unmögliche möglich gemacht: Für seinen großen Zyklus »Heute Morgen«, der sämtliche Reihen des Suhrkamp Verlags bespielen sollte, hatte er in der edition einen Motivumschlag durchgesetzt. Und unter diesem Umschlag verbarg sich obendrein ein Einband außerhalb des von Fleckhaus vorgesehenen Farbenspektrums. Doch ein Schweizer Debütant bekommt nicht dasselbe, was einem Rainald Goetz gewährt wird. Also: keine Extrawurst. Und was dazu kam: Die Autoren konnten nicht einmal die Farben aussuchen, sie richteten sich nach den Bandnummern. Man erhielt, was gerade an der Reihe war. Lila oder Knallgelb, wie eben bei Dir.

Zum Glück hast Du Dich trotzdem auf die edition eingelassen. So kam die Novelle »Die toten Männer« ins Programm. Wir waren beide etwas abgekämpft – aber wenn ich mir Dein Bild auf der Seite drei ansehe: Ein schmaler junger Mann mit flächigem Gesicht, dreieckig mit spitzem Kinn, verschmitzt lächelnd, so offen wie durchtrieben fast, selbstbewusst auf jeden Fall, im lässigen Anzug – wie der junge Fassbinder. Aus dem wird was!

Natürlich ist es keine Kunst, diese nachträgliche Prophezeiung auszusprechen, und ich romantisiere nicht aus dem Wissen von heute: Es war erkennbar, dass das ein Anfang sein sollte für mehr. Zumal dieses erste Buch ja, das soll den Mitlesern nicht verschwiegen werden, nicht wirklich der Anfang war. Als wir uns kennenlernten, arbeitetest Du mit einer freien Theatergruppe, 400asa war ihr Name; seit 1998 spielet ihr auf Schweizer Bühnen, Samuel Schwarz war als Regisseur dabei, Du warst für die Texte, die Dramaturgie und die Organisation zuständig. Gesehen habe ich damals keine Aufführung, aber einen Namen hattet ihr schon. Zwar hatte in Frankfurt niemand von einer Expo02 gehört, aber in der Schweiz war es ein nationales Ereignis, das erste dieser Art nach der Landesausstellung von 1964. Zentraler Akt war am Nationalfeiertag Euer »Affentheater«, live im Fernsehen übertragen, und Eure Forderung nach absoluter Absenz von Schweizer Fahnen zu diesem Ereignis geriet natürlich zu einem veritablen Skandal.

Allzu groß war der Rummel um Dein Debüt trotzdem nicht, immerhin kam es zu kleinen Folgeauflagen und Übersetzungen. Ich drängelte zum Prosaschreiben, aber Du warst erst mal im Theater unterwegs. Deine Stücke wurden auf größeren Bühnen inszeniert, sogar nachgespielt – für jüngere Dramatiker war das alles andere als üblich, weil es oft bei einer Inszenierung blieb, die per Auftrag geschrieben und realisiert wurde. Nicht bei

Dir. Du wurdest von der Zeitschrift »Theater heute« 2003 zum Nachwuchsdramatiker des Jahres gewählt, zwei Jahre später zum Dramatiker des Jahres, Deine Stücke wurden in viele Sprachen übersetzt und gespielt, die »Sexuellen Neurosen unserer Eltern« bald nach der Uraufführung in fünfzehn Ländern. Ab diesem Moment war Bärfuss ein Name, den man Theaterinteressierten nicht zu buchstabieren brauchte. »Der Bus« kam 2005 im Thalia Theater Hamburg in der Regie von Stephan Kimmig zur Uraufführung, unter dem Intendanten Ulrich Khuon, der Dein Werk bis heute treu begleitet. »Man könnte hier im ›Bus‹ wieder anfangen, an das junge Theater zu glauben«, schrieb die »FAZ« nach der Premiere. Das fanden wir auch. Das war im Januar 2005, und Du hast mir ins Buch eine Widmung hineingeschrieben: »Für Thorsten Ahrend – einer der letzten Verrückten, die Stücke drucken – und sie auch noch verkauft.« Der Band mit den drei Stücken »Meienbergs Tod«, »Die sexuellen Neurosen unserer Eltern« und »Der Bus (Das Zeug einer Heiligen)« war Dein erstes Buch im Wallstein Verlag, und wir hatten es mit einer gewaltigen Kraftanstrengung zum Premierentag fertigbekommen und noch druckwarm an die Theaterkasse gelegt. Die Schwierigkeiten lagen nicht nur darin, dass Du wie ein Berserker immer wieder den Text geändert hast, noch während der Probenphase, aber davon sollen die Regisseure und Schauspieler ein Klagelied anstimmen, sondern dass wir dieses Buch erst im Oktober 2004, also nur drei Monate vor der Uraufführung in Hamburg verabredet hatten. Einige Zeit nach dem Tod des Verlegers Siegfried Unselds war ich mit längerer Kündigungsfrist von Suhrkamp weggegangen, um im März 2005 im Wallstein Verlag, der durch Bücher in den Geisteswissenschaften und mit großen Editionen einen außerordentlichen Ruf besaß, das erste belletristische Programm herauszubringen – mit eigener Vorschau und demselben Qualitätsanspruch, der für das wissenschaftliche Programm galt. Mit dem Verlagsgründer, Verleger und Freund Thedel von Wallmoden war verabredet, alle Genres zu pflegen: Prosa (weil es noch keine »Hausautoren« gab, hieß das realistischer Weise: nicht nur Romane, sondern auch Erzählungen), Essay und Lyrik. Sechs Bücher sollten in jeder Saison erscheinen. Für ein neues Belletristikprogramm war das sicher mehr als naiv, und jeder ökonomisch versierte Verlagsberater hätte nur Menschen mit beträchtlichem finanziellem Background zu so etwas geraten. Dazu zählten wir nicht. Und nun wollten wir auch noch Dramatik verlegen? Das hatten nicht einmal Thedel und ich im Blick. Nun aber, im Januar 2005, kam als erstes Buch des Belletristik-Startprogramms Dein Band mit drei Stücken – genau genommen vor dem offiziellen Programmstart, der erst für den März geplant war. Ein neuer Verlag in der Belletristik, ein unbekannter Autor, ein Buch mit drei Theaterstücken: Das war ziemlich exzentrisch. Und passiert ist es, weil wir damals schon Freunde waren und dachten: Wir machen es einfach. Unser alter Verlag hatte Dir einen Brief geschrieben, um Dir mitzuteilen, dass der Lektor abhandengekommen sei, aber Dir demnächst ein neuer zugeordnet werde. Dass man Dich im Brief mit einem falschen Vornamen anredete, empfandest Du, immerhin gab es ja schon ein Buch, als Kränkung, aber gleichzeitig als erhellendes Faktum, das Dich skeptisch machte in der Perspektive weiterer gemeinsamer Arbeit. Die Theaterreihe im Verlag wurde runtergefahren und später eingestellt, die Aufführungsrechte lagen seit Deinen Anfängen bei Hartmann & Stauffacher, wo sie bis heute liegen … Kurz, Du sagtest mit höchster Diskretion: Es wäre schön, wenn ich als Dramatiker auch meine Stücke irgendwie gedruckt kriegen könnte … und zweieinhalb Monate später lag der erste Band mit drei Stücken gedruckt zur Premiere vor. Ich dachte damals: Der Verleger wird damit leben können, dass im Startprogramm ein Titel eben nur vierhundert Mal verkauft wird. Heute liegt dieser Stückeband bereits in der sechsten Auflage vor – oder ist es schon die siebte?

Bis zum ersten Roman »Hundert Tage« dauerte es dann noch eine Weile. Dreieinhalb Jahre. Du warst plötzlich zu erfolgreich als Dramatiker. (Auch wenn mich das natürlich riesig freute.) Zwischendurch dachte ich schon manchmal an das »Affentheater« der Expo02. Es ging im Roman um Ruanda, um einen Mitteleuropäer, der in dieses Land fährt, das den meisten nur als Land der Gorillas bekannt ist, um Entwicklungshilfe zu leisten, und der dort in die Wirren des Völkermords gerät. Als Zeuge eines Jahrhundertverbrechens erzählt er davon, was er erlebte, ohne es zu verstehen, er erzählt, um zu verstehen, und um die eigenen Irrtümer zu erkennen. Es war ein Romandebüt, das herausragte aus den vielen Debüts des Jahres, eigentlich vieler Jahre. Du bekamst eine Reihe von Preisen, wurdest für den Deutschen Buchpreis nominiert, den ersten Schweizer Buchpreis gab man Dir leider nicht. Aber »Hundert Tage« war ein Wurf, der klarmachte: Hier ist kein Autor, der »das Buch der Saison« geschrieben hat, sondern einer, der etwas zu sagen und zu schreiben vermag, das für lange Zeit Bestand haben wird. Es geht nicht nur um das, was da im Text formuliert wird, um »die Schweiz« etwa, sondern ums Ganze, räumlich und zeitlich.

Bevor das Buch gedruckt vorlag, habe ich Dich ab und an verflucht; der Abgabetermin war lange rum, und wie viele Fahnenläufe es gab, weiß ich nicht mehr, aber über den Stapel konnte ich nicht mehr rübergucken. Die Druckerei hatte auf unser Bitten und Drängen alle Arbeitsgänge auf Kante nach hinten geschoben … und wir saßen immer noch an unseren Arbeitstischen, Du in Zürich, ich in Göttingen, und mailten uns die letzten Korrekturen eingescannt (glücklicherweise hattest Du schon einen Scanner mit Blatteinzug) hin und her. Es sollten natürlich nicht die letzten sein.

Die Nächte vor der Abgabe in die Druckerei schlief ich auf einer Decke im Verlag auf dem Fußboden, das heißt ich schlief natürlich nicht, Du auch nicht, oder nur stundenweise. Wir schoben den vorher ordentlich lektorierten und genau besprochenen Text noch wild hin und her. (*Du* schobst ihn hin und her.) Der dritte Absatz von S. 156 soll nach S. 94 geschoben werden, aber die erste Hälfte des Absatzes bitte dort weg und auf S. 56 einfügen. Die Sätze in umgekehrter Reihenfolge, dafür dort bitte xxx rausnehmen und yyy zwischen Absatz 4 und 5 auf S. zzz schieben. Ach, stimmt, der vierte Absatz steht da ja gar nicht mehr, den hatten wir ja vorhin auf S. xyz geschoben. (Die Seitenzahlen sind frei erfunden.) In einer Mischung aus Durchhaltewillen, Respekt vor dem Genie, Verzweiflung und Trance habe ich das in den Dateien zu realisieren versucht. Stoßgebete nach oben schickend: Hoffentlich haben wir nicht Absatzteile dreimal an verschiedene Stellen im Buch geschoben, ohne es zu merken. Mit copy & paste geht es ja so einfach! Und wenn man mal in einer Lesung drauf angesprochen wird?, hab ich mir überlegt, ob ich die Keckheit haben würde zu antworten: Ja, das liegt an der musikalischen Struktur des Ganzen, es ist gewissermaßen ein Rondo.

Am Ende, aber das merkten wir erst *post festum*, gab es in der ersten Auflage einen doppelt stehen gebliebenen Satz; und zum Glück ist niemandem aufgefallen, dass in der zweiten etwas fehlte.

›Nie wieder geb ich was in den Satz, das nicht wenigstens schon durchgeschrieben und vorläufig fertig ist‹, habe ich mir vorgenommen. Aber Du bist ein skrupulöser Änderer bis, nein, nicht fünf *vor* zwölf, auch nicht bis fünf *nach* zwölf, sondern bis zwanzig nach zwölf. Eigentlich halb zwei. Deine Widmung in »Hundert Tage« enthält einen Dank »Für die gemeinsame Reise, für Geduld, Aufmunterung, Strenge, für deine Leidenschafft« – unter das zweite f ist ein Pfeil gezeichnet und dann in Klammern gesetzt: »und die Orthografie«.

Ein bisschen routinierter (oder ruhiger? Oder einfach nur älter?) sind wir geworden mit der Zeit, auch wenn »Koala« auch nicht gerade eine Sturzgeburt war (jetzt gab es den Schweizer Buchpreis dafür) und »Hagard« ein ganzes Jahr später in die Läden kam als angekündigt (und mit Erscheinen nominiert für den Preis der Leipziger Buchmesse). Um nur mal die Romane zu nennen.

Bei den Essaybänden gibt es für den Verleger den Vorteil, dass die einzelnen Texte häufig in Zeitschriften oder Zeitungen vorveröffentlicht wurden. Das heißt nicht, dass sie ohne Überarbeitung einfach ins Buch genommen werden, aber die Änderungen sind im Vergleich überschaubar. Und sie haben nicht die Konsequenzen wie in einem Roman, wenn etwa eine Figur in letzter Minute einen anderen Namen bekommt. (Und manchmal mit Spitznamen genannt wird und deshalb nicht per Suchbefehl aufgespürt wer-

Thorsten Ahrend

den kann.) Gerade sitzen wir am dritten Essayband, »Die Krone der Schöpfung«, der auf jeden Fall noch vor der Frankfurter Messe kommen soll (unabhängig davon, ob sie wirklich stattfindet, oder wie) – und ich werde schon langsam unruhig.

Dass wir im vergangenen Jahr Deinen ersten Band mit Erzählungen noch so fertig gemacht haben, dass er vor der Verleihung des Büchner-Preises gedruckt vorlag … das habe ich erst im Nachhinein und auch dann nur stückchenweise glauben können. Du hattest die Ruhe weg, zu Recht. Der Titel »Malinois« (ich musste es erst einmal nachschlagen) war ein Wort, das man wenig später niemandem mehr erklären musste, klar, alles andere wäre eine Überraschung gewesen.

Von Anfang an habe ich gestaunt, wie belesen Du bist, in der Tiefe belesen, jenseits des gerade Angesagten und Modischen. Dein Lesepensum war ab einem Punkt in Deinem Leben gewaltig, Dein historisches Wissen kommt daher, Deine Neugier auf die Welt heute ist in allem zu spüren, Dein Blick auf die politischen und ökonomischen Zusammenhänge zeugt davon, dass Du die Hintergründe zu verstehen suchst, die gemeinhin gar nicht zur Sprache kommen. Dein Zorn über Verlogenheit und Oberflächlichkeit hat mit Deinem Weg in der Kindheit und Jugend zu tun, von dem ich lange überhaupt nicht ahnte, wie schwer er war. Du hast daraus nie eine Leidensgeschichte gemacht, auch wenn man das Milieu, in dem Du aufgewachsen bist, ganz sicher als bildungsfern bezeichnen kann. Wenn man die Schweiz, ich bitte um Entschuldigung für das Klischee, mit der Vokabel Wohlstand in Verbindung bringt – bei Dir trifft das nicht nur nicht zu; Deine Erfahrungen sind vollkommen andere. Schriftsteller, die in ihrer Jugend obdachlos waren, einfach, weil die Eltern weggezogen sind und die Miete für die alte Wohnung nicht mehr bezahlt haben – ich weiß nicht, ob es noch einen zweiten gibt, der das erlebt hat. In der Schweiz wohl nicht, und in Deutschland fällt mir auch niemand ein.

Wie eigen Dein Zugriff auf Texte ist, und was Du alles beim Sprechen über Texte assoziieren kannst, in Zusammenhänge bringst; wie politisch und zugleich poetisch Du denkst, das hat mit dieser singulären Erfahrung zu tun.

Und wenn ich jetzt die Genres durchgehe, will ich keinesfalls vergessen, dass Du mich auch als Übersetzer verblüfft und beeindruckt hast. Als ein Mann nicht nur ohne Abitur, sondern überhaupt ohne Schulabschluss, von Studium will ich gar nicht reden, sprichst Du so viele Sprachen (noch dazu unverschämt gut), dass ich immer wieder staune. Nun hast Du Lyrik übertragen, die »Elegischen Dokumente« von Muriel Pic aus dem Französischen – darf ich demnächst einen Lyrikband von Dir erwarten? Aber Du hast auch Texte von Walter Benjamin (mit-)übersetzt ins Französische. Ich denke das jetzt mal nicht weiter; und Benjamin war ja auch nicht gerade ein Schulphilosoph.

In »Hundert Tage« schließt Deine Widmung in meinem Buch mit: »Auf ein Neues!«

Darauf freue ich mich.

Dein Thorsten

Dana Kissling / Victor Lindblom

Lukas Bärfuss – Auswahlbibliografie

1 Primärliteratur

1.1 Dramatik

Stücke & Uraufführungen

»Sophokles' Oedipus«, Escher-Wyss-Unterführung Zürich, 27.8.1998, Regie: Samuel Schwarz.
»Siebzehn Uhr siebzehn«, Schauspiel Akademie Theater Zürich, 12.1.2000, Regie: Samuel Schwarz.
»74 Sekunden. Monolog«, Blauer Saal Volkshaus Zürich, 8.3.2000, Regie: Lukas Schmocker.
»Vier Frauen«, Schlachthaus Theater Bern, 25.5.2000, Regie: Samuel Schwarz.
»Medeää. 214 Bildbeschreibungen«, Radiokulturhaus Wien, Wiener Festwochen, 14.6.2000, Regie: Samuel Schwarz.
»Die Reise von Klaus und Edith durch den Schacht zum Mittelpunkt der Erde«, Schauspielhaus Bochum, 12.1.2001, Regie: Samuel Schwarz.
»Meienbergs Tod«, Theater Basel, 20.4.2001, Regie: Samuel Schwarz.
»Othello, kurze Fassung«, Deutsches Schauspielhaus Hamburg, 5.12.2001, Regie: Samuel Schwarz.
»Vier Bilder der Liebe«, Schauspielhaus Bochum, 28.9.2002, Regie: Karin Henkel.
»august02, Nationalulk«, Landesausstellung Expo.02 Biel-Bienne, 1.8.2002, Regie: Samuel Schwarz.
»Die sexuellen Neurosen unserer Eltern«, Theater Basel, 13.2.2003, Regie: Barbara Frey.
»Heinrich IV«, Schauspielhaus Bochum, 15.5.2004, Regie: Samuel Schwarz.
»Der Bus (Das Zeug einer Heiligen)«, Thalia Theater Hamburg, 29.1.2005, Regie: Stephan Kimmig.
»Alices Reise in die Schweiz«, Theater Basel, 4.3.2005, Regie: Stephan Müller.
»Jemand schreit in unseren Rosen«, Schweizer Radio DRS 2005 (Hörspiel).
»Die Probe (Der brave Simon Korach)«, Münchner Kammerspiele, 2.2.2007, Regie: Lars-Ole Walburg.
»Amygdala«, Thalia Theater Hamburg, 9.5.2009, Regie: Stephan Kimmig.
»Öl«, Deutsches Theater Berlin, 18.9.2009, Regie: Stephan Kimmig.
»Malaga«, Schauspielhaus Zürich, 9.5.2010, Regie: Barbara Frey.
»Parzival«, Staatstheater Hannover, 16.1.2010, Regie: Lars-Ole Walburg.
»Zwanzigtausend Seiten«, Schauspielhaus Zürich, 2.2.2012, Regie: Lars-Ole Walburg.
»Anschlag«, Lucerne Festival, 17.8.2013, Musiktheater von Michael Wertmüller, Text von Lukas Bärfuss.
»Die schwarze Halle«, Schauspielhaus Zürich, 4.5. 2013, Regie: Barbara Frey.
»Frau Schmitz«, Schauspielhaus Zürich, 22.10.2016, Regie: Barbara Frey.
»Der Elefantengeist«, Nationaltheater Mannheim, 20.9.2018, Regie: Sandra Strunz.
»Julien – Rot und Schwarz«, Theater Basel, 16.01.2020, Regie: Nora Schlocker.
»Das Werkzeug des Herrn«, Schauspiel Köln, 2020/21.

Publikationen

»Vier Frauen. Ein Singspiel«, in: Stefan Koslowski / Andreas Kotte / Reto Sorg (Hg.): »Berner Almanach. Theater«, Bern 2000, S. 11–15.
»Othello. Kurze Fassung«, in: »Die deutsche Bühne«, 73:2 (2002), S. 19–23.
»Meienbergs Tod. Die sexuellen Neurosen unserer Eltern. Der Bus. Stücke«, Göttingen 2005.
»Alices Reise in die Schweiz. Die Probe. Amygdala. Stücke«, Göttingen 2007.
»Mach die Tür auf. Monolog für eine Schauspielerin und eine Axt«, in: »Ohne Alles. Szenen für das Schauspielhaus Bochum«, Frankfurt/M. 2007, S. 13–23.

»Öl. Schauspiel«, Göttingen 2009.
»Malaga. Parzival. Zwanzigtausend Seiten. Stücke«, Göttingen 2012.

1.2 Prosa

Novelle / Romane

»Die toten Männer. Novelle«, Frankfurt/M. 2002.
»Hundert Tage. Roman«, Göttingen 2008.
»Koala. Roman«, Göttingen 2014.
»Hagard. Roman«, Göttingen 2017.

Gesammelte Essays

»Stil und Moral. Essays«, Göttingen 2015.
»Krieg und Liebe. Essays«, Göttingen 2018.
»Die Krone der Schöpfung. Essays«, Göttingen 2020.

Gesammelte Erzählungen

»Malinois. Erzählungen«, Göttingen 2019.

Weitere Kurzprosa

»Tauchen«, in: Adrian Mettauer/Wolfgang Pross/Reto Sorg (Hg.): »Berner Almanach. Literatur«, Bern 1998, S. 20–27.
»Glückliche Scheiben«, in: Yeboaa Ofosu/ Reto Sorg/Sabine Künzi (Hg.): »Einspeisen«, Zürich 1999, S. 8–14.
»Was wünscht sich Edith?«, in: »Neue Mittelland Zeitung«, 28.–30.7.1999.
»Dem Herrn einen Tempel«, in: »Entwürfe. Zeitschrift für Literatur«, 23 (2000), S. 21–28.
»Mein kleines Kunststück«, in: »Sonntagszeitung«, 21. Dezember 2003, S. 47–49.
»Hänsel und Gretel«, in: Franz Hohler (Hg): »112 Einseitige Geschichten«, München 2007, S. 99.

Kolumnen

»Was ist …?«, in: »Die Wochenzeitung«, Januar bis November 2001 (22 Folgen).
»Federlese«, in: »Du. Die Zeitschrift für Kultur«, Januar bis August 2007 (5 Folgen).
»Essay«, in: »Sonntagsblick«, monatlich seit Januar 2019.

Übersetzungen / Weiteres

Benjamin, Walter: »Lettres sur la littérature«, edition établie et préfacée par Muriel Pic, traduite de l'allemand avec Lukas Bärfuss, Carouge-Genève 2016.
Pic, Muriel: »Elegische Dokumente / Élegies documentaires«, aus dem Französischen übertragen von Lukas Bärfuss. Göttingen 2018.
»Contact«, Zürich 2018 (mit Michael Günzburger).

2 Sekundärliteratur

2.1 Zur Dramatik

Bähr, Christine: »Familie auf dem Stationenweg: Lukas Bärfuss' ›Die sexuellen Neurosen unserer Eltern‹«, in: Dies.: »Der flexible Mensch auf der Bühne. Sozialdramatik und Zeitdiagnose im Theater der Jahrtausendwende«, Bielefeld 2012, S. 381–418.
Bühler, Thomas: »Die Praxis schlägt zurück. Alices Reise in die Schweiz. Szenen aus dem Leben des Sterbehelfers Gustav Strom von Lukas Bärfuss«, in: Hans-Peter Bayerdörfer (Hg.): »Vom Drama zum Theatertext? Zur Situation der Dramatik in Ländern Mitteleuropas«, Berlin, Boston 2007, S. 43–51.
Crowe, Sinéad: »Belief and Unbelief in the Twenty-First Century: Lukas Bärfuss' ›Der Bus (Das Zeug einer Heiligen)‹«, in: Dies.: »Religion in Contemporary German Drama«, Rochester, NY 2013, S. 131–142.
Famula, Marta: »Experimente der Sinngebung. Lukas Bärfuss' ›Alices Reise in die Schweiz‹ und die ethisch-existenzielle Herausforderung im 21. Jahrhundert«, in: Paul Martin Langner/Agata Mirecka (Hg.): »Tendenzen der zeitgenössischen Dramatik«, Frankfurt/M. 2015, S. 63–76.
Famula, Marta: »Eine Busfahrt in die Abgründe der Religiosität. Raum und Bewegung in Lukas Bärfuss' Drama ›Der Bus (Das Zeug einer Heiligen)‹«, in: Paul Martin Langner/Agata Mirecka (Hg.): »Raumformen in der Gegenwartsdramatik«, Frankfurt/M. 2017, S. 53–68.

Famula, Marta: »Zwischen Todeswunsch und Lebensgeschichten. Suizid und Erzählen in Lukas Bärfuss' Drama ›Alices Reise in die Schweiz‹«, in: Marie Gunreben / Friedhelm Marx (Hg.): »Handlungsmuster der Gegenwart. Beiträge zum Werk von Lukas Bärfuss«, Würzburg 2017, S. 141–152.

Gomez, Anne-Sophie: »Le temps suspendu: fil, bobine, écheveau – un parcours à travers quelques pièces de Lukas Bärfuss«, in: »Germanica« 54 (2014), S. 159–174.

Gunreben, Marie: »Poetik des Experiments. Inszenierte Versuche in Lukas Bärfuss' ›Amygdala‹«, in: Dies. / Friedhelm Marx (Hg.): »Handlungsmuster der Gegenwart. Beiträge zum Werk von Lukas Bärfuss«, Würzburg 2017, S. 179–192.

Keim, Katharina: »Seltsame Heilige, gottverlassene Gläubige. Glaubensfragen im zeitgenössischen Religionsdrama: Lukas Bärfuss' ›Der Bus. Das Zeug einer Heiligen‹«, in: Hans-Peter Bayerdörfer (Hg.): »Vom Drama zum Theatertext? Zur Situation der Dramatik in Ländern Mitteleuropas«, Berlin, Boston 2007, S. 86–94

Kelting, Peter Jakob: »Die (Un-)Möglichkeit des Glaubens. Versuch über Lukas Bärfuss' Stück ›Der Bus (Das Zeug einer Heiligen)‹«, in: Albrecht Grözinger / Andreas Mauz / Adrian Portmann (Hg.): »Religion und Gegenwartsliteratur. Spielarten einer Liaison«, Würzburg 2009, S. 151–169.

Schindler, Andrea: »Das Drama mit Parzival«, in: Marie Gunreben/Friedhelm Marx (Hg.): »Handlungsmuster der Gegenwart. Beiträge zum Werk von Lukas Bärfuss«, Würzburg 2017, S. 165–178.

Schöll, Julia: »Sexuell? Neurotisch? Moral und Subjekt in ›Die sexuellen Neurosen unserer Eltern‹«, in: Marie Gunreben / Friedhelm Marx (Hg.): »Handlungsmuster der Gegenwart. Beiträge zum Werk von Lukas Bärfuss«, Würzburg 2017, S. 115–126.

Vilas-Boas, Gonçalo: »Gestörte Beziehungen im dramatischen Werk von Lukas Bärfuss«, in: Dorota Sośnika / Malcolm Pender (Hg.): »Ein neuer Aufbruch? 1991–2011. Die Deutschschweizer Literatur nach der 700-Jahr-Feier«, Würzburg 2012, S. 179–191.

Welsh, Caroline: »Sterbehilfe und Sterbebegleitung in gegenwärtiger Literatur und Medizin«, in: »Zeitschrift für Germanistik«, 25:3 (2015), S. 499–513.

Windrich, Johannes: »Zwischen den Zähnen. Lukas Bärfuss' ›Parzival‹«, in: Marie Gunreben / Friedhelm Marx (Hg.): »Handlungsmuster der Gegenwart. Beiträge zum Werk von Lukas Bärfuss«, Würzburg 2017, 153–164.

Wojno-Owczarska, Ewa: »Frauengestalten im Drama ›Der Bus (Das Zeug Einer Heiligen)‹ von Lukas Bärfuss. In: »Studia Niemcoznawcze« 39 (2008), S. 247–256.

2.2 Zur Prosa

Bartl, Andrea: »Den Unbeschreibbaren beschreiben: das Bild Heinrich von Kleists in Essays der Gegenwartsliteratur – über die Kleist-Preis-Reden 2000 bis 2014 und den Kleist-Essay von Lukas Bärfuss«, in: Günter Blamberger / Ingo Breuer / Wolfgang de Bruyn / Klaus Müller-Salget (Hg.): »Kleist-Jahrbuch 2016«, Stuttgart 2016, S. 21–34.

Beck, Laura: »›Worte der Gewalt‹. Lukas Bärfuss' ›Hundert Tage‹«, in: Dies.: »›Niemand hier kann eine Stimme haben‹. Postkoloniale Perspektiven auf Mündlichkeit und Schriftlichkeit in der deutschsprachigen Gegenwartsliteratur«, Bielefeld 2017, S. 126–176.

Beck, Laura: »Weißnasen mit Rückflugticket? Entwicklungshilfe als Egotrip bei Lukas Bärfuss und Milo Rau«, in: Uta Schaffers / Stefan Neuhaus / Hajo Diekmannshenke (Hg): »(Off) The Beaten Track? Normierungen und Kanonisierungen des Reisens«, Würzburg 2018, 371–390.

Freund, Winfried: »Lukas Bärfuss«, in: Ders.: »Novelle«, Stuttgart 2009, S. 326–328.

Geier, Andrea: »Begehren und (Nicht-)Verstehen. Kulturkontakt-Szenarien in Romanen von Trojanow und Lukas Bärfuss«, in: Irina Gradinari / Dorit Müller / Johannes Pause (Hg.): »Versteckt – verirrt – verschollen. Reisen und Nicht-Wissen«, Wiesbaden 2016, S. 183–198.

Honold, Alexander: »Ruanda, Trinidad und Co. Koloniale Verstrickungen und postkoloniale Aufbrüche in der Schweizer Gegenwartsliteratur«, in: Patricia Purtschert / Barbara Lüthi / Francesca Falk

(Hg.): »Postkoloniale Schweiz. Formen und Folgen eines Kolonialismus ohne Kolonien«, Bielefeld ²2013, S. 133–156.

Kanning, Julian: »Fingierte Zeugenschaft und die Figur des ›Dritten‹: Das Gedächtnis des Genozids in Lukas Bärfuss' Roman ›Hundert Tage‹ und Wolfgang Koeppens ›Jakob Littners Aufzeichnungen aus dem Erdloch‹«, in: Marie Gunreben / Friedhelm Marx (Hg.): »Handlungsmuster der Gegenwart. Beiträge zum Werk von Lukas Bärfuss«, Würzburg 2017, S. 83–98.

König, Annette: »Politische Internationalisierung bei Lukas Bärfuss – ›Hundert Tage‹«, in: Dies.: »Welt schreiben: Globalisierungstendenzen in der deutschsprachigen Gegenwartsliteratur aus der Schweiz«, Bielefeld 2013, S. 162–167.

Leskovec, Andrea: »Fremdheit und Fremderfahrung in Lukas Bärfuss' ›Hundert Tage‹«, in: »Text & Kontext«, 34 (2012), S. 167–187.

Lorenz, Matthias N.: »Lukas Bärfuss: ›Hundert Tage‹ (2008) – ›ich fürchtete, die Finsternis sei an mir kleben geblieben‹«, in: Ders.: »Distant Kinship – Entfernte Verwandtschaft. Joseph Conrad's ›Heart of Darkness‹ in der deutschen Literatur von Kafka bis Kracht«, Stuttgart ²2018 S. 440–471.

Lützeler, Paul Michael: »Lukas Bärfuss, ›Hundert Tage‹ (2008). Negativer Entwicklungsroman und fatale Entwicklungshilfe«, in: »Bürgerkrieg Global. Menschenrechtsethos und deutschsprachiger Gegenwartsroman«, München 2009, S. 101–126.

Maltzan, Carlotta von: »Zur Literarisierung des Blicks auf den Genozid in Ruanda in Lukas Bärfuss' ›Hundert Tage‹«, in: Ernest W. B. Hess-Lüttich / Corinna Albrecht / Andrea Bogner (Hg.): »Re-Visionen. Kulturwissenschaftliche Herausforderungen interkultureller Germanistik«, Frankfurt/M. 2012, S. 137–146.

Meilaender, Peter: »Has the Restoration of the Sciences and Arts Tended to Purify Morals? Bärfuss, Rousseau, and the Mask of Civilization«, in: Marie Gunreben / Friedhelm Marx (Hg.): »Handlungsmuster der Gegenwart. Beiträge zum Werk von Lukas Bärfuss«, Würzburg 2017, S. 209–224.

Meja Ikobwa, James: »David Hohl als Zeuge des Genozids in Ruanda in Lukas Bärfuss' ›Hundert Tage‹«, in: Carlotta von Maltzan (Hg.): »Magie und Sprache«, Bern 2012, S. 107–118.

Müller, Inez: »Armut und Eskalation von Gewalt auf dem afrikanischen Kontinent: ›Hundert Tage‹ von Lukas Bärfuss und ›Ein Zimmer im Haus des Krieges‹ von Christoph Peters«, in: Martin Hellström / Edgar Platen (Hg.): »Armut. Zur Darstellung von Zeitgeschichte in deutschsprachiger Gegenwartsliteratur«, München 2012, S. 64–81.

Placke, Heinrich: »Der Ruanda-Roman ›Hundert Tage‹ des Schweizer Schriftstellers Lukas Bärfuss«, in: Claudia Glunz / Thomas F. Schneider (Hg.): »Von Paraguay bis Punk. Medien und Krieg vom 19. bis zum 21. Jahrhundert«, Göttingen 2011, S. 107–120.

Roth, Daniela: »Das ›Othering‹ des Genozids. Erzählerische Darstellung des Völkermords in Lukas Bärfuss' ›Hundert Tage‹ und Rainer Wocheles ›Der General und Der Clown‹«, in: Andrea Bartl / Annika Klinge (Hg.): »Transitkunst. Studien zur Literatur 1890–2010«, Bamberg 2012, S. 543–572.

Reiß, Birgitt: »›… dieses Geräusch, wenn die Zunge sich plötzlich vom Gaumen löst …‹ – Der affektive Misston und die Wahrnehmungslücke im Bild des Fremden: Lukas Bärfuss' Roman ›Hundert Tage‹«, in: Annette Bühler-Dietrich / Friederike Ehwald / Altina Mujkic (Hg.): »Literatur auf der Suche. Studien zur Gegenwartsliteratur«, Berlin 2018, S. 181–208.

Schmiedel, Roland: »Lukas Bärfuss. ›Hundert Tage‹«, in: Ders.: »Schreiben über Afrika: Koloniale Konstruktionen. Eine kritische Untersuchung ausgewählter zeitgenössischer Afrikaliteratur«, Frankfurt/M. 2015, S. 127–164.

Steeg, Christian van der: »Die Wiederkehr der Naturgeschichten. Bärfuss & Co«, in: Marie Gunreben / Friedhelm Marx (Hg.): »Handlungsmuster der Gegenwart. Beiträge zum Werk von Lukas Bärfuss«, Würzburg 2017, S. 225–240.

Steier, Christoph: »Fallen, Finten, Kammerspiele. Der Erzähler Lukas Bärfuss«, in: Marie Gunreben / Friedhelm Marx (Hg.): »Handlungsmuster der Gegenwart. Beiträge zum Werk von Lukas Bärfuss«, Würzburg 2017, S. 27–40.

Schlüer, Benjamin: »Kritische Theorie und Speziesismus: In Lukas Bärfuss' literarischem Zoo«, in: Marie Gunreben/Friedhelm Marx (Hg.): »Handlungsmuster der Gegenwart. Beiträge zum Werk von Lukas Bärfuss«, Würzburg 2017, S. 193–208.

Süselbeck, Jan: »Der erfrischende Machetenhieb: Zur literarischen Darstellung des Genozids in Ruanda, am Beispiel des Romans ›Hundert Tage‹ von Lukas Bärfuss (2008)«, in: Ders.: »Im Angesicht der Grausamkeit: emotionale Effekte literarischer und audiovisueller Kriegsdarstellungen von 19. bis zum 21. Jahrhundert«, Göttingen 2013, S. 378–403.

Süselbeck, Jan: »Der Pfeifer, der Seher, der Gefangene. Über den Prosaautor Lukas Bärfuss und seinen Ort in der Gegenwartsliteratur«, in: Marie Gunreben/Friedhelm Marx (Hg.): »Handlungsmuster der Gegenwart. Beiträge zum Werk von Lukas Bärfuss«, Würzburg 2017, S. 41–52.

Uerlings, Herbert: »Postkolonialismus ohne Kolonisierte? Lukas Bärfuss' ›Hundert Tage‹ und die Täterschaft im Genozid«, in: »Acta Germanica: German Studies in Africa«, 43 (2015), S. 53–66.

Vilas-Boas, Gonçalo: »Afrika als Schauplatz im Neuen Schweizer Roman: Lukas Bärfuss' ›Hundert Tage‹«, in: Ders./Teresa Martins de Oliveira (Hg): »Macht in der Deutschschweizer Literatur«, Berlin 2012, S. 381–394.

Waldow, Stephanie: »Von der Moral der Enthaltsamkeit zur Ethik der Verweigerung: Einige Überlegungen zum Verhältnis von Ethik und Narration anhand von Lukas Bärfuss' Novelle ›Die toten Männer‹«, in: Marie Gunreben/Friedhelm Marx (Hg.): »Handlungsmuster der Gegenwart. Beiträge zum Werk von Lukas Bärfuss«, Würzburg 2017, S. 53–64.

Zimmermann, Elias: »(Per-)Vertierung. Widerspruch und Biopolitik in Lukas Bärfuss' ›Koala‹«, in: Marie Gunreben/Friedhelm Marx (Hg.): »Handlungsmuster der Gegenwart. Beiträge zum Werk von Lukas Bärfuss«, Würzburg 2017, S. 99–114.

Notizen

Lukas Bärfuss, geboren am 30.12.1971 in Thun (Kanton Bern), Dramatiker, Romancier, Essayist. Nach der Schulzeit in Thun Arbeit als Tabakbauer, Gabelstaplerfahrer, Eisenleger und Gärtner. Danach Rekrutenschule und Anstellung als Buchhändler in Bern und später in Fribourg, wo er das Diplom nachholte (Abschluss 1997). Leitung von Literatur- und Theater-Workshops in Kamerun, Almaty, Toronto, Chicago, Montréal, Berlin und für das Schweizerische Literaturinstitut in Biel. Juror beim Stückemarkt des Berliner Theatertreffens. Seit 2009 Autor und Dramaturg am Schauspielhaus Zürich. Im Sommersemester 2013 Heiner-Müller-Gastprofessur für deutschsprachige Poetik an der Freien Universität in Berlin. Mitglied Deutsche Akademie für Sprache und Dichtung. Freier Schriftsteller seit 1997. Ausgezeichnet u. a. mit Buchpreisen der Stadt (2002) und des Kantons Bern (2003, 2005), dem Mülheimer Dramatikerpreis (2005), dem Spycher: Literaturpreis Leuk (2007), dem Anna-Seghers- und dem Mara-Cassens-Preis (beide 2008), dem Berliner Literaturpreis (2013), Solothurner Literaturpreis (2013), Schweizer Buchpreis (2014), Nicolas-Born-Preis (2015), Johann-Peter-Hebel-Preis (2016) und dem Georg-Büchner-Preis (2019). Aktuellste Arbeiten: »Hagard. Roman« (2017), »Krieg und Liebe. Essays« (2018), »Malinois. Erzählungen« (2019), »Julien – Rot und Schwarz« (2020, Schauspiel).

*

Thorsten Ahrend, geboren 1960, seit 1990 Lektor für neue deutsche Literatur in verschiedenen Verlagen (Reclam Leipzig, Gustav Kiepenheuer, Suhrkamp, Wallstein). Lektor von Lukas Bärfuss seit seinem Debüt 2002.

Anke Detken, geboren 1963, apl. Professorin für Literaturwissenschaft am Seminar für Deutsche Philologie an der Georg-August-Universität Göttingen, Leiterin des Studententheaters im OP (ThOP). Arbeitsschwerpunkte: Literatur vom 18. Jahrhundert bis zur Gegenwart, Drama und Theater im 18. und 21. Jahrhundert, übersetzungswissenschaftliche Komparatistik. Publikationen u. a.: »Im Nebenraum des Textes. Regiebemerkungen in Dramen des 18. Jahrhunderts« (2009), »Rollenfach und Drama – Europäische Theaterkonvention im Text« (Mithg., 2014), »Frank Witzel. Perspektiven auf Autor und Werk« (Mithg., 2019).

Gregor Dotzauer, geboren 1962 in Bayreuth, Literatur- und Sachbuchredakteur beim Berliner »Tagesspiegel«.

Notizen

Marta Famula, geboren 1978, wissenschaftliche Mitarbeiterin am Institut für Germanistik und Vergleichende Literaturwissenschaft an der Universität Paderborn. Forschungsschwerpunkte: Dramentheorie, Ästhetik-Konzepte um 1800, Prosa des 19. Jahrhunderts, der klassischen Moderne sowie der Gegenwart. Habilitationsprojekt zu Figurationen der Unverfügbarkeit in der Literatur um 1800. Publikationen u. a.: »Dürrenmatts Ästhetik des ›ethischen Trotzdem‹« (2014), »Das Denken vom Ich. Die Idee des Individuums als Größe in Literatur, Philosophie und Theologie« (Hg., 2014), »Vom Eigenwert der Literatur. Reflexionen zu Funktion und Relevanz literarischer Texte« (Mithg., 2017) sowie »Unverfügbares Verinnerlichen. Figuren der Einverleibung zwischen Eucharistie und Anthropophagie« (Mithg., 2019).

Judith Gerstenberg, geboren 1967, Dramaturgin, Dozentin. Dramaturgien: Royal Shakespeare Company (2020), Schauspiel Hannover (2009–2019), Burgtheater Wien (2006–2009), Theater Basel (1998–2006), Theater Neumarkt Zürich (1995–1998), Deutsches Schauspielhaus Hamburg (1993–1995; Assistenz). Gastdramaturgien: Staatstheater Stuttgart, Schauspielhaus Zürich, Salzburger Festspiele, Münchner Opernfestspiele, Münchner Biennale für neues Musiktheater. Lehraufträge an Kunsthochschulen seit 2005 in Basel, Zürich, Stuttgart, Hannover. Ab 2021 leitende Dramaturgin Ruhrtriennale. Publikationen u. a.: »Umwege zum Konzert. Ruedi Häusermann – eine Werkschau« (Hg., 2015), »Bettina Meyer. Eins zu fünfundzwanzig. Bilder Räume Bühnen« (Mithg., 2016).

Tom Kindt, geboren 1970, Professor für Germanistische Literaturwissenschaft an der Universität Fribourg (Schweiz). Arbeitsschwerpunkte: Literatur vom 18. Jahrhundert bis zur Gegenwart, Literaturtheorie, Erzähl- und Komikforschung, Geschichte der Germanistik. Publikationen u. a.: »The Implied Author« (Koautor, 2006), »Unzuverlässiges Erzählen und literarische Moderne« (2008), »Helmut Krausser« (Mithg., 2010), »Literatur und Komik« (2011), »Zum Werk Georg Kleins« (Mithg., 2013), »Erzähltheorie« (Koautor, 2014), »Das Brecht-Brevier zur Wirtschaftskrise« (Hg., 2016), zuletzt: »Brecht und die Folgen« (2018).

Dana Kissling, geboren 1995, Masterstudentin Germanistik und Anglistik an der Universität Freiburg (Schweiz), Schwerpunkt Germanistische Literaturwissenschaft. Forschungsinteressen: Literaturtheorie, Schweizer Literatur.

Victor Lindblom, geboren 1985, Diplomassistent Germanistische Literaturwissenschaft an der Universität Fribourg (Schweiz). Mitglied Research Group »The Aesthetic Mind« (Fribourg/Göttingen), Editorial Office »Journal of Literary Theory« (Göttingen). Arbeitsschwerpunkte: Literaturtheorie

(Fiktions-, Erzähl-, Interpretations-, Komiktheorie), Schweizer Literatur. Promotionsprojekt zur Theorie und Praxis der Fiktionalität mit Untersuchungen zu Max Frisch und Lukas Bärfuss.

Oliver Lubrich, geboren 1970, Professor für Germanistik und Komparatistik an der Universität Bern. Arbeitsschwerpunkte: Experimentelle Rhetorik, Literatur und Wissenschaft, Reiseliteratur, Alexander von Humboldt, Orientalismus, Kolonialismus, Postkolonialismus, Internationale Zeugen in Nazi-Deutschland, Geschichte und Theorie des Theaters, Shakespeare, Jüdische Studien, Antisemitismus, Gegenwartsliteratur. Publikationen u. a.: »Shakespeares Selbstdekonstruktion« (2001), »Das Schwinden der Differenz. Postkoloniale Poetiken« (2004), »Reisen ins Reich« (Hg., 2004), »Berichte aus der Abwurfzone« (Hg. 2007), »Alexander von Humboldt: Sämtliche Schriften (Aufsätze, Artikel und Essays)« (Mithg., 2019).

Peter von Matt, geboren 1937, emeritierter Professor für Neuere Deutsche Literatur an der Universität Zürich. Publikationen u. a.: »Liebesverrat – Die Treulosen in der Literatur« (1989), »Die tintenblauen Eidgenossen. Über die literarische und politische Schweiz« (2001), »Die Intrige. Theorie und Praxis der Hinterlist« (2006), »Das Kalb vor der Gotthardpost. Zur Literatur und Politik der Schweiz« (2012), »Sieben Küsse. Glück und Unglück in der Literatur« (2017), »Was ist ein Gedicht?« (2017), »Don Quijote reitet über alle Grenzen. Europa als Raum der Inspiration« (2017). Zahlreiche Auszeichnungen, zuletzt: Schweizer Buchpreis (2012), Goethepreis (2014), Zürcher Festspielpreis (2017).

Ralph Müller, geboren 1972, Professor für germanistische Literaturwissenschaft und ihre Didaktik an der an der Universität Freiburg (Schweiz). Arbeitsschwerpunkte: Gattungstheorie von Lyrik und Erzählen, Rhetorik, Komik sowie Gegenwartsliteratur mit einem besonderen Schwerpunkt auf Schweizer Literatur. Publikationen u. a.: »Theorie der Pointe« (2003), »Metapher« (2012), »Literatur in der Zeitung« (Mithg., 2017), »Lyrikologie 1« (Mithg., 2019).

Raphael Urweider, geboren 1974, freier Autor, Musiker und Übersetzer. Ausgezeichnet u. a. mit dem Leonce-und-Lena-Preis (1999), Förderpreis des Bremer Literaturpreises (2001), Clemens-Brentano-Preis (2004), Schillerpreis (2008). Ko-Leiter Schlachthaus Theater Bern (2008–2010), Präsident Autorenverband AdS (2012–2016). Publikationen u. a.: »Lichter in Menlo Park« (2000), »Das Gegenteil von Fleisch« (2003), »Alle deine Namen« (2008), zuletzt: »Black. Space. Race. Ein narratives Konzert« (2018), »Wildern. Gedichte« (2018).

Bisher sind in der Reihe TEXT+KRITIK erschienen:

Günter Grass (1) 7. Aufl., 138 Seiten	**Kurt Tucholsky** (29) 3. Aufl., 103 Seiten	**Friedrich Dürrenmatt II** (56) vergriffen
Hans Henny Jahnn (2/3) vergriffen	**Konkrete Poesie II** (30) vergriffen	**Franz Xaver Kroetz** (57) vergriffen
Georg Trakl (4/4a) 4. Aufl., 123 Seiten	**Walter Benjamin** (31/32) 3. Aufl., 232 Seiten	**Rolf Hochhuth** (58) 67 Seiten
Günter Eich (5) vergriffen	**Heinrich Böll** (33) 3. Aufl., 156 Seiten	**Wolfgang Bauer** (59) 53 Seiten
Ingeborg Bachmann (6) 5. Aufl., 207 Seiten	**Wolfgang Koeppen** (34) 2. Aufl., 112 Seiten	**Franz Mon** (60) 80 Seiten
Andreas Gryphius (7/8) 2. Aufl., 130 Seiten	**Kurt Schwitters** (35/36) vergriffen	**Alfred Andersch** (61/62) vergriffen
Politische Lyrik (9/9a) 3. Aufl., 111 Seiten	**Peter Weiss** (37) vergriffen	**Ital. Neorealismus** (63) vergriffen
Hermann Hesse (10/11) 2. Aufl., 132 Seiten	**Anna Seghers** (38) vergriffen	**Marieluise Fleißer** (64) 95 Seiten
Robert Walser (12/12a) 4. Aufl., 216 Seiten	**Georg Lukács** (39/40) 90 Seiten	**Uwe Johnson** (65/66) 2. Aufl., 212 Seiten
Alfred Döblin (13/14) 3. Aufl., 200 Seiten	**Martin Walser** (41/42) 3. Aufl., 156 Seiten	**Egon Erwin Kisch** (67) 63 Seiten
Henry James (15/16) vergriffen	**Thomas Bernhard** (43) 4. Aufl., 288 Seiten	**Siegfried Kracauer** (68) 90 Seiten
Cesare Pavese (17) vergriffen	**Gottfried Benn** (44) 3. Aufl., 223 Seiten	**Helmut Heißenbüttel** (69/70) 126 Seiten
Heinrich Heine (18/19) 4. Aufl., 203 Seiten	**Max von der Grün** (45) vergriffen	**Rolf Dieter Brinkmann** (71) 102 Seiten
Arno Schmidt (20/20a) 4. Aufl., 221 Seiten	**Christa Wolf** (46) 5. Aufl., 151 Seiten	**Hubert Fichte** (72) 118 Seiten
Robert Musil (21/22) 3. Aufl., 179 Seiten	**Max Frisch** (47/48) 4. Aufl., 217 Seiten	**Heiner Müller** (73) 2. Aufl., 214 Seiten
Nelly Sachs (23) 3. Aufl., 126 Seiten	**H. M. Enzensberger** (49) 3. Aufl., 164 Seiten	**Joh. Christian Günther** (74/75) 142 Seiten
Peter Handke (24) 6. Aufl., 141 Seiten	**Friedrich Dürrenmatt I** (50/51) 3. Aufl., 245 Seiten	**Ernst Weiß** (76) 88 Seiten
Konkrete Poesie I (25) vergriffen	**Siegfried Lenz** (52) 2. Aufl., 88 Seiten	**Karl Krolow** (77) 95 Seiten
Lessing contra Goeze (26/27) vergriffen	**Paul Celan** (53/54) 3. Aufl., 185 Seiten	**Walter Mehring** (78) 83 Seiten
Elias Canetti (28) 4. Aufl., 177 Seiten	**Volker Braun** (55) 65 Seiten	**Lion Feuchtwanger** (79/80) 148 Seiten

Bisher sind in der Reihe TEXT+KRITIK erschienen:

Botho Strauß (81) 166 Seiten	**Ernst Jünger** (105/106) 167 Seiten	**Hans Joachim Schädlich** (125) 97 Seiten
Erich Arendt (82/83) 155 Seiten	**Eckhard Henscheid** (107) vergriffen	**Johann Gottfried Seume** (126) 116 Seiten
Friederike Mayröcker (84) 98 Seiten	**MachtApparatLiteratur.** **Literatur und ›Stalinismus‹** (108) 100 Seiten	**Günter de Bruyn** (127) 109 Seiten
Alexander Kluge (85/86) 155 Seiten	**Günter Kunert** (109) 95 Seiten	**Gerhard Roth** (128) 102 Seiten
Carl Sternheim (87) 112 Seiten	**Paul Nizon** (110) 99 Seiten	**Ernst Jandl** (129) 113 Seiten
Dieter Wellershoff (88) 116 Seiten	**Christoph Hein** (111) vergriffen	**Adolph Freiherr Knigge** (130) 107 Seiten
Wolfgang Hildesheimer (89/90) 141 Seiten	**Brigitte Kronauer** (112) 91 Seiten	**Frank Wedekind** (131/132) 185 Seiten
Erich Fried (91) 2. Aufl., 119 Seiten	**Vom gegenwärtigen Zustand der deutschen Literatur** (113) vergriffen	**George Tabori** (133) 106 Seiten
Hans/Jean Arp (92) 119 Seiten	**Georg Christoph Lichtenberg** (114) 91 Seiten	**Stefan Schütz** (134) 93 Seiten
Klaus Mann (93/94) 141 Seiten	**Günther Anders** (115) 103 Seiten	**Ludwig Harig** (135) 91 Seiten
Carl Einstein (95) vergriffen	**Jurek Becker** (116) vergriffen	**Robert Gernhardt** (136) 121 Seiten
Ernst Meister (96) 98 Seiten	**Elfriede Jelinek** (117) 3. Aufl., 127 Seiten	**Peter Waterhouse** (137) 98 Seiten
Peter Rühmkorf (97) 94 Seiten	**Karl Philipp Moritz** (118/119) 142 Seiten	**Arthur Schnitzler** (138/139) 2. Aufl., 201 Seiten
Herbert Marcuse (98) 123 Seiten	**Feinderklärung** **Literatur und Staatssicherheitsdienst** (120) 117 Seiten	**Urs Widmer** (140) 94 Seiten
Jean Améry (99) 85 Seiten	**Arno Holz** (121) 129 Seiten	**Hermann Lenz** (141) 104 Seiten
Über Literaturkritik (100) 112 Seiten	**Else Lasker-Schüler** (122) 102 Seiten	**Gerhart Hauptmann** (142) 117 Seiten
Sarah Kirsch (101) 104 Seiten	**Wolfgang Hilbig** (123) 99 Seiten	**Aktualität der Romantik** (143) 100 Seiten
B. Traven (102) 100 Seiten	**Literaten und Krieg** (124) 112 Seiten	**Literatur und Holocaust** (144) 97 Seiten
Rainer Werner Fassbinder (103) 2. Aufl., 153 Seiten		**Tankred Dorst** (145) 99 Seiten
Arnold Zweig (104) 105 Seiten		**J.M. R. Lenz** (146) 97 Seiten

Bisher sind in der Reihe TEXT+KRITIK erschienen:

Thomas Kling (147) 122 Seiten	**Stefan George** (168) 124 Seiten	**Reinhard Jirgl** (189) 107 Seiten
Joachim Ringelnatz (148) 115 Seiten	**Walter Kempowski** (169) 107 Seiten	**Rainald Goetz** (190) 117 Seiten
Erich Maria Remarque (149) 104 Seiten	**Nicolas Born** (170) 125 Seiten	**Yoko Tawada** (191/192) 171 Seiten
Heimito von Doderer (150) 113 Seiten	**Junge Lyrik** (171) 119 Seiten	**Ingo Schulze** (193) 100 Seiten
Johann Peter Hebel (151) 109 Seiten	**Wilhelm Raabe** (172) 114 Seiten	**Thomas Brasch** (194) 101 Seiten
Digitale Literatur (152) 137 Seiten	**Benutzte Lyrik** (173) 116 Seiten	**Uwe Timm** (195) 95 Seiten
Durs Grünbein (153) 93 Seiten	**Robert Schindel** (174) 100 Seiten	**Literatur und Hörbuch** (196) 101 Seiten
Barock (154) 124 Seiten	**Ilse Aichinger** (175) 117 Seiten	**Friedrich Christian Delius** (197) 97 Seiten
Herta Müller (155) 105 Seiten	**Raoul Schrott** (176) 104 Seiten	**Gerhard Falkner** (198) 102 Seiten
Veza Canetti (156) 111 Seiten	**Daniel Kehlmann** (177) 91 Seiten	**Peter Kurzeck** (199) 97 Seiten
Peter Huchel (157) 98 Seiten	**Jeremias Gotthelf** (178/179) 149 Seiten	**Hans Fallada** (200) 109 Seiten
W. G. Sebald (158) 119 Seiten	**Juden.Bilder** (180) 126 Seiten	**Ulrike Draesner** (201) 101 Seiten
Jürgen Becker (159) 130 Seiten	**Georges-Arthur Goldschmidt** (181) 94 Seiten	**Franz Fühmann** (202/203) 179 Seiten
Adalbert Stifter (160) 115 Seiten	**Grete Weil** (182) 115 Seiten	**Sibylle Lewitscharoff** (204) 104 Seiten
Ludwig Hohl (161) 111 Seiten	**Irmgard Keun** (183) 109 Seiten	**Ulrich Holbein** (205) 101 Seiten
Wilhelm Genazino (162) 108 Seiten	**Carlfriedrich Claus** (184) 141 Seiten	**Ernst Augustin** (206) 98 Seiten
H. G. Adler (163) 115 Seiten	**Hans Jürgen von der Wense** (185) 129 Seiten	**Felicitas Hoppe** (207) 93 Seiten
Marlene Streeruwitz (164) 92 Seiten	**Oskar Pastior** (186) 108 Seiten	**Angela Krauß** (208) 105 Seiten
Johannes Bobrowski (165) 113 Seiten	**Helmut Krausser** (187) 117 Seiten	**Kuno Raeber** (209) 106 Seiten
Hannah Arendt (166/167) 198 Seiten	**Joseph Zoderer** (188) 100 Seiten	**Jan Wagner** (210) 103 Seiten

Bisher sind in der Reihe TEXT+KRITIK erschienen:

Emine Sevgi Özdamar (211) 99 Seiten	**Sonderbände**	Oskar Maria Graf 224 Seiten
Christian Dietrich Grabbe (212) 108 Seiten	Theodor W. Adorno 2. Aufl., 196 Seiten	Graphic Novels 330 Seiten
Kurt Drawert (213) 106 Seiten	Die andere Sprache. Neue DDR-Literatur der 80er Jahre 258 Seiten	Grimmelshausen 285 Seiten
Elke Erb (214) 109 Seiten	Ansichten und Auskünfte zur deutschen Literatur nach 1945 189 Seiten	Die Gruppe 47 3. Aufl., 353 Seiten
Wolf Wondratschek (215) 103 Seiten		E. T. A. Hoffmann 213 Seiten
Christian Kracht (216) 104 Seiten	Aufbruch ins 20. Jahrhundert Über Avantgarden 312 Seiten	Friedrich Hölderlin 295 Seiten
Navid Kermani (217) 95 Seiten	Ingeborg Bachmann vergriffen	Homer und die deutsche Literatur 303 Seiten
Marcel Beyer (218/219) 178 Seiten	Bestandsaufnahme Gegenwartsliteratur vergriffen	Jean Paul 3. Aufl., 309 Seiten
Christoph Ransmayr (220) 91 Seiten	Ernst Bloch 305 Seiten	Franz Kafka 2. Aufl., 359 Seiten
Terézia Mora (221) 100 Seiten	Rudolf Borchardt 276 Seiten	Heinrich von Kleist 237 Seiten
Michael Lentz (222) 110 Seiten	Bertolt Brecht I 2. Aufl., 172 Seiten	Friedrich Gottlieb Klopstock 129 Seiten
Ernst Toller (223) 123 Seiten	Bertolt Brecht II 2. Aufl., 228 Seiten	Karl Kraus vergriffen
Sven Regener (224) 95 Seiten	Georg Büchner I/II 2. Aufl., 479 Seiten	Kriminalfallgeschichten 237 Seiten
Sibylle Berg (225) 104 Seiten	Georg Büchner III 315 Seiten	Literarische Kanonbildung 372 Seiten
Ulrich Peltzer (226) 99 Seiten	Comics, Mangas, Graphic Novels 272 Seiten	Literatur in der DDR. Rückblicke 307 Seiten
Lukas Bärfuss (227) 93 Seiten	DDR-Literatur der neunziger Jahre 218 Seiten	Literatur in der Schweiz 262 Seiten
	Theodor Fontane 3. Aufl., 224 Seiten	Literatur und Migration 285 Seiten
	Gelesene Literatur 283 Seiten	Lyrik des 20. Jahrhunderts 300 Seiten
	Johann Wolfgang von Goethe 363 Seiten	Martin Luther 265 Seiten
		Heinrich Mann 4. Aufl., 180 Seiten

Bisher sind in der Reihe TEXT+KRITIK erschienen:

Thomas Mann
2. Aufl., 265 Seiten

Karl May
299 Seiten

Moses Mendelssohn
204 Seiten

Österreichische Gegenwartsliteratur
326 Seiten

Poetik des Gegenwartsromans
213 Seiten

Pop-Literatur
328 Seiten

Joseph Roth
2. Aufl., 166 Seiten

Friedrich Schiller
171 Seiten

Theater fürs 21. Jahrhundert
238 Seiten

Versuchte Rekonstruktion – Die Securitate und Oskar Pastior
140 Seiten

Visuelle Poesie
224 Seiten

Zukunft der Literatur
204 Seiten

Kontemporär. Schriften zur deutschsprachigen Gegenwartsliteratur

In „Kontemporär" erscheinen Monographien und Sammelbände zu Autoren und Themen, die seit den 1990er Jahren die deutschsprachige Gegenwartsliteratur prägen. Die Bände nutzen die Möglichkeiten einer Literaturwissenschaft, die kontemporär zu ihrem Gegenstand ist. Sie stellen zentrale Debatten ins Zentrum oder widmen sich einzelnen Autorinnen und Autoren aller Gattungen, führen in das Gesamtwerk ein, berücksichtigen aber auch die jeweilige Werkpolitik innerhalb des literarischen Feldes und die Rezeption.

Jetzt bestellen auf springer.com/shop oder in Ihrer Buchhandlung

€ (D): gebundener Ladenpreis in Deutschland, € (A): in Österreich. * : unverbindliche Preisempfehlung. Alle Preise inkl. MwSt.

metzlerverlag.de

A84794

J.B. METZLER
Part of SPRINGER NATURE

Lukas Bärfuss
im Wallstein-Verlag

Lukas Bärfuss
Malinois
Erzählungen
128 S., geb.
18,00 € (D); 18,50 € (A)
ISBN 978-3-8353-3600-1

»**der spannendste Autor aus der Schweiz zur Zeit**«
WDR 3

Lukas Bärfuss
Krieg und Liebe
Essays
294 S., geb., Schutzumschlag
22,00 € (D); 22,70 € (A)
ISBN 978-3-8353-3241-6

Lukas Bärfuss
Stil und Moral
Essays
235 S., geb., Schutzumschlag
19,90 € (D); 20,50 € (A)
ISBN 978-3-8353-1679-9

Lukas Bärfuss
Die Krone der Schöpfung
Essays
ca. 120 S., geb., Schutzumschlag
ca. 18,00 € (D); ca. 18,50 € (A)
ISBN 978-3-8353-3831-9

»**Lukas Bärfuss kann selbst im Intimsten zeitkritisch sein und in der Zeitkritik auch intim.**«
Schweizer Rundfunk

www.wallstein-verlag.de

* Kontroverse Debatten
* Kluge Zeitdiagnose
* Kritische Kommentare

Jetzt Probeausgabe bestellen!

www.frankfurter-hefte.de

manuskripte

ZEITSCHRIFT FÜR LITERATUR 228/2020

„Wenn man die manuskripte aufschlägt, meint man, dass die deutschsprachige Literatur, die zählt, noch immer unter einem Zauberzelt unterzubringen ist…" Hessischer Rundfunk

Erscheint 4x im Jahr

---

www.manuskripte.at / lz@manuskripte.at
Einzelheft: € 15 / Abo: € 35,20

> **TEXT+KRITIK**
> Die Reihe über Autoren

auch als eBook

Heft 228
Gabriele Tergit
Juliane Sucker (Hg.)
Oktober 2020, etwa 100 Seiten
ISBN 978-3-96707-115-3

Vom Tanz auf dem Vulkan in den 1920er Jahren, von Flucht und Vertreibung und dem Leben im Exil erzählt Bestsellerautorin Gabriele Tergit.

Sie war eine der ersten Gerichtsreporterinnen der Weimarer Republik, P.E.N.-Sekretärin, verfolgte Jüdin und Emigrantin. Gabriele Tergit (1894–1982) hat den Grenzbereich von Fakt und Fiktion ihrer Zeit vermessen: politisch, kulturell und historisch, dabei immer die Gesellschaft im Blick, in der sie lebte.

Das Heft wirft ein Schlaglicht auf ihr von Brüchen und Zäsuren geprägtes Leben und zeigt die ganze Breite ihrer schriftstellerischen und publizistischen Produktion: von der Weimarer Republik über das Exil bis in die Nachkriegszeit.

et+k

edition text+kritik · 81673 München · www.etk-muenchen.de